Die Herren der Lage

Verlag
Wissenschaft
und Politik

Horst Siebecke

Die Herren der Lage

Macht und Ohnmacht der deutschen Polizei

Bildquellenverzeichnis:
Horst Winkler (3); GdP, Berlin (1)
Pontis-Photo (Umschlagbild)

Umschlaggestaltung Rolf Bünermann
Gesamtherstellung Mohndruck
Reinhard Mohn OHG, Gütersloh
Printed in Germany · ISBN 3-8046 - 8456-4

Inhaltsverzeichnis

Vorwort

In unseren elf Bundesländern gibt es elf verschieden uniformierte Polizeien und ebenso viele unterschiedliche Polizeigesetze. Jedes Bundesland verfügt über ein Landeskriminalamt mit jeweils verschiedener Organisationsstruktur und jeweils anderen Zuständigkeitsbereichen. Und man kann sagen, daß die elf Länder auch oft elf oder mehr unterschiedliche Ansichten über ihre Stellung gegenüber dem Bundeskriminalamt vertreten. Daraus ergibt sich, daß elf verschiedene Abhängigkeitsmechanismen zu den selbständig handelnden Innenministerien der Länder koordiniert werden müssen. Eine ebenso große Zahl von Ministerialbeamten versucht Ähnliches im sogenannten Arbeitskreis II der Innenminister, und die elf in vielen entscheidenden Fragen abhängigen Präsidenten der Landeskriminalämter mühen sich konferierend um Übereinstimmung mit dem Bundeskriminalamt.
Der Föderalismus wirkt sich ebenso auf die Struktur wie logischerweise auch auf die Effizienz unserer Polizei aus. Hier soll nicht etwa ein polizeilicher Zentralismus gepredigt werden, wohl aber sind eine zu pedantische föderalistische Bürokratie und der ausgeprägte Ressortegoismus in Frage zu stellen.

Die erfolgreiche Fahndung nach jener skrupellosen Anarchistengruppe, die über einen Zeitraum von zwei Jahren Bevölkerung und Polizei terrorisierte, hat bewiesen, daß auch in einem föderalistisch gegliederten Staat die Polizei ihre Aufgaben erfüllen kann, wenn dem gesunden Menschenverstand die Priorität vor Landesgrenzen und Behördenpforten eingeräumt wird. Sie hat aber auch bewiesen, daß die »Verhältnismäßigkeit der Mittel«, mit der die Polizei diese lebensgefährliche Aufgabe löste, jenen Politikern und Polizeibeamten recht gab, die auf diese Verhältnismäßigkeit bauten und nicht mit dem Ruf nach Explosivwaffen abzulenken versuchten.
Daneben aber sind jene maßvollen und kritischen Publizisten wie Ernst Müller-Meiningen jr., Klaus Stefan, Hans Heigert, Rolf Zundel, Walter von La Roche oder Günter Gaus (um nur wenige Namen zu nennen) darin bestätigt worden, daß die hysterisierten Rufer nach mehr »law and order« oder »Rübe ab!« weder das Vorfeld noch die Aktionen unserer Polizei zu kritisieren, geschweige zu beeinflussen haben.
Das ist auch nicht durch den unglücklichen Ausgang anderer Polizeiaktionen widerlegt worden. Denn »nur Zyniker und Schizophrene können für Recht und Ordnung plädieren und gleichzeitig verlangen, daß sie (die Polizei) es mit Recht und Gesetz nicht so genau nehmen solle. Polizisten sind keine Scharfrichter.« (Kurt Gintzel) Sie sind auch keine »Ledernacken« oder »Green Berets«, die für den Dschungelkrieg ausgebildet sind. Und so können sie auch nicht in jeder Lage Herren der Lage sein. Das haben der Überfall arabischer Terroristen im Olympischen Dorf in München und das Massaker auf dem Flugplatz von Fürstenfeldbruck in so grauenvoller Weise verdeutlicht.

Die Polizei sucht in der Un-Ordnung die Ordnung, und in der Regel stellt sie die Ordnung wieder her. Heute kann sie es mit dem neuen Ordnungswidrigkeitengesetz besser als noch vor wenigen Jahren. Die Polizei sucht Verbrecher, und meist findet sie sie auch. Die Aufklärungsquote der schweren Verbrechen ist höher, als man gemeinhin anzunehmen oder zuzugeben geneigt ist.

Die Polizei braucht mehr Geld, um einerseits ihre Effizienz zu verbessern und andererseits ihren Beruf attraktiver zu machen. Die Geldquellen fließen nun hoffentlich bald etwas stärker. Man erinnert sich daran, daß die (finanziell bisher unterbewertete) innere Sicherheit auch die (finanziell hoch veranschlagte) äußere Sicherheit unseres Staates mitbedingt. Denn begreiflicherweise ist nur ein nach innen gefestigter Staat seinen Bürgern auch verteidigenswert.
Die Polizei sucht das Verständnis der Bürger, aber oft noch hantiert sie in ihren eigenen Reihen trickreich mit versenkbaren Böden und verhängten Bühnen. Sie spielt »geschlossene Gesellschaft«. »Der Bürger bleibt in Form und Trab, sobald er es mit seinem Freund und Helfer zu tun hat.« (Sepp Binder)
Die Polizei bemüht sich in ihren eigenen Reihen um die Diskussion und den Meinungsaustausch über konträre Standpunkte, aber manche beklagen, daß zaghafte Ansätze schon wieder zu verkümmern drohen. Sie denkt auch hier gesellschaftskonform, denn die Worte von Theodor Heuss, nach denen »die Pflicht zum Widerspruch im Gehalt mit einbegriffen ist«, dürften nur in Ausnahmefällen gesellschaftsfähig, geschweige gesellschaftsprägend geworden sein. Darum ist die Aufforderung an die Polizei, sich »geistig zu legitimieren, um die geistigen Strömungen ihrer Zeit zu erkennen, um sie beim Handeln zu berücksichtigen« (H. Stakemeier), zwar nicht unrichtig, wohl aber kaum mehr als Papier.
Vor allem aber sucht die Polizei sich selbst. Sie sucht nach einem »Berufsbild«, das trotz eines unschätzbaren Erfahrungsfundus nicht von ihr selbst, sondern nun in einer Universität erarbeitet wird. Schon jetzt läßt sich voraussagen, daß am Ende dieser wichtigen, langwierigen und kostspieligen Arbeit gewiß manch eifriger Polizeiexperte den Finger hebt, um zu sagen, es handele sich hier um sachfernes Akademikergerede oder gar um liberale Humanitätsduselei. Die Prognose der Nicht-Identifikation ist gestellt, die gegenteilige Erfahrung wäre willkommen.
Nachdenklich stimmt die Leitbildsuche dennoch. Der Polizei – oder besser gesagt den suchenden Polizisten – blieb der Erfolg

dieser Fahndung versagt. Die israelische Polizei zum Beispiel, die vergleichbar so alt ist wie unsere Nachkriegspolizei, tat sich da leichter. Sie überließ die Frage der Leitbilder den Rabbinern und Generalen und ging zur Tagesordnung über. Für unsere Polizei aber blieb das Berufsbild ein Vexierbild, das sie auf manchen Gebieten ihrer Existenz nicht weiter als von vorgestern nach gestern brachte. Damit hat sie als Folge gegenwärtig nur so viel Zukunft vor sich, wie sie Vergangenheit hinter sich ließ; und das ist nicht viel.

Diese unsere Polizei soll »demokratisch durchgebildet« (Hunold) sein. Durch den Treueeid auf die Verfassung hat sie sich selbst auch dazu bekannt. Doch von kompetenter Stelle wird ihr zugleich »das Fehlen einer demokratischen Theorie« (Erhard Denninger) attestiert. Dieser Mangel an demokratischer Theorie aber ließ die Polizei in den Augen und im Bewußtsein vieler demokratischer Bürger eher als Demokratie-Verordnungsbehörde und weniger als Demokratie-Erhaltungsbehörde erscheinen. Als letztere aber hätte sie sich doch täglich zu bewähren. Freilich, Kaufpreis ist die Augenfälligkeit der Krisen in dieser Staatsform, die es gerade auch unter den erschwerten Bedingungen öffentlichen Dienens zu erhalten und zu schützen gilt. Das zu beklagen, hieße die eingegangene Verpflichtung Lügen strafen.
Sollte aber unter Leitbild das Grundgesetz der Bundesrepublik Deutschland verstanden werden, dann erübrigt sich die Suche, denn dazu hat die Polizei sich ja schon bekannt.
Nach ihm gilt für jedermann, und sei er Straftäter, an erster Stelle: »Die Würde des Menschen ist unantastbar. Sie zu achten und zu schützen ist Verpflichtung aller staatlichen Gewalt.« Also auch der Polizei. Wem das als Leitbild nicht paßt, der darf in unserer Polizei keinen Platz haben, »denn die Demokratie – und das ist ihr Stolz – hat allein das Recht, vom Recht zu sprechen, da sie allein den Bruch desselben niemals sanktioniert hat«. (Ferdinand Lassalle)

»Villa Elena« Horst Siebecke
Forte dei Marmi

Jederzeit appellbereit

In der Politik sind Gehorsam und Unterstützung dasselbe.
Hannah Arendt

Wer der Polizei heute vorwirft, sie sei ihrem Charakter nach eine eher militärisch als zivil strukturierte und orientierte Organisation, wird in der Regel »scharf zurückgewiesen«. Die Zurückweisenden, meistens Beamte der für die Polizei zuständigen Ministerialbürokratie, pflegen in solchen Fällen auf den Beamtenstatus der Polizei einerseits und auf die Art ihrer Tätigkeit andererseits hinzuweisen. Auch die Ausbildung – so sagen sie – werde überwiegend zivil und nicht mehr kombattant gehandhabt. Explosivwaffen gar befänden sich überhaupt nicht mehr in den Händen der Polizei, sondern seien eingemottet in den Kellern der Polizeikasernen, die man nun auch nicht mehr Kasernen, sondern Polizeiunterkünfte nennt. Aber noch im Jahre 1968 hielt es der Vorsitzende der Gewerkschaft der Polizei (GdP) Werner Kuhlmann für wichtig, folgende Bestandsaufnahme zu unterbreiten:
»Die Bundeswehr begnügt sich teilweise schon mit einer Stunde Formalausbildung pro Woche. Für unsere Polizeischüler sind dagegen in einigen Bundesländern noch fünf bis sechs Stunden Formalausbildung pro Woche vorgesehen; so werden sie amtlicherseits daran gehindert, sich während die-

ser Zeit mit nützlicheren Dingen zu beschäftigen. Während die Kultusminister der Länder bereits überlegen, ob und wie ein obligatorischer Sexualunterricht für Schulanfänger eingeführt werden kann, werden 18- bis 20jährige Polizeischüler in den meisten Ländern noch um 23 Uhr in ihren Unterkünften ›eingeschlossen‹, damit sie von den Versuchungen und Anfechtungen des Nachtlebens bewahrt bleiben. Alle Bildungsprogramme haben die Förderung der Persönlichkeitswerte zum Ziel, aber unsere heranwachsenden Polizisten müssen immer noch Männchen bauen, durch Vorbeigehen in gerader Haltung grüßen, ihre Betten und Spinde jederzeit in einem appellfähigen Zustand halten.
Bei der Konservierung derart überholter Erziehungsmethoden wird dann auch allen Ernstes erwartet, daß nach Abschluß einer 2- bis 4jährigen Ausbildung (die Ausbildungsdauer ist in den Bundesländern verschieden) selbstsichere, an persönliche Verantwortung und Eigeninitiative gewöhnte junge Menschen mit vollendeten zivilen Umgangsformen unsere Ausbildungsstätten verlassen ...[1].«
Die Kuhlmannsche Umstandsbeschreibung verweist auf eine Herkunft der Polizeiausbildung, die heute wie zu Kaisers Zeiten noch immer begriffen wird als die »Schule der Nation« mit all ihren doktrinären Erkennungszeichen. Aber dieser Begriff wurde keineswegs allein von der Polizei okkupiert, sondern betraf recht eigentlich alle Ausbildungsstätten, die ein deutscher Jüngling bis hin zu seinem Mannesalter quasi als nationale Pflichtübung durchlaufen mußte, hatte er sich einmal entschlossen, dem Staat seine Dienste anzubieten. Die eigenartige Depotwirkung dieser Schule der Nation hat sich bis in unsere Tage hin nicht zu entleeren vermocht, sondern wird auch heute noch je nach Bedarf immer wieder abgerufen.
Ohne eine hier exakt datierbare Entwicklungs- und Geistesgeschichte der Polizei vorlegen zu wollen, sollten einige Hinweise belegen, als was eine Polizei namentlich im 19. Jahrhundert und bis hin in unsere Tage begriffen worden ist. Sie belegen die Unterstellung, daß die Polizei stets der treue Sachwalter und Verwalter fürstlicher, königlicher oder

kaiserlicher Worte war, weswegen sie für viele Bürger seit eh und je »als der lange Arm der Mächtigen und als installierte Zwangsmacht zum Schutz der Regierenden«[2] angesehen werden mußte und wurde. Als der mit den besten Voraussetzungen ausgestattete Mensch galt der deutsche Unteroffizier, schlechthin die Inkarnation von Treue, Hingabe und Gehorsam. Dr. Rolf Umbach, der ehemalige Polizeipsychologe der Stadt München, soll es einmal so formuliert haben: »Aus dem Siebenjährigen Krieg kamen zwei Typen von Unteroffizieren nach Hause. Die einen hatten Beine; sie wurden Polizisten. Die anderen hatten ein Bein abgeschossen und wurden Lehrer[3].« Zuvor wurde Polizei nicht funktional begriffen, sie war »keine staatliche Aufgabe, sondern ein Zustand. Polizei bestand, wo Bürger und Untertanen sich ordentlich, gesittet und ehrbar verhielten. Polizei war Ordnung. Gute Polizei (Ordnung) zu erreichen war Verpflichtung aller Bürger und Untertanen und nicht Aufgabe staatlicher Organe. Erst zu Beginn des 18. Jahrhunderts hat sich eine Begriffswandlung vollzogen. Man begann die Polizei funktional zu verstehen. Nachdem Christian Wolff (1679–1754, Philosoph und Jurist) durch die Erwägung, der beschränkte Untertanenverstand reiche nicht aus, Recht und Glück zu erkennen, den Polizeistaat gerechtfertigt hatte, traten staatliche Organe mit dem Anspruch auf, für die Förderung der öffentlichen Wohlfahrt sorgen zu müssen. Der Begriff der öffentlichen Wohlfahrt umfaßte hierbei auch das private Wohl und die Glückseligkeit des einzelnen Menschen. Polizei war damit die durch allgemeine staatliche oder kommunale Behörden wahrgenommene Funktion zur Förderung des allgemeinen Wohls ohne gesetzliche Bindung mit unbestimmter Anordnungs- und Zwangsgewalt. Eine rechtliche Kontrolle hoheitlicher Maßnahmen durch Gerichte gab es nicht. Den Begriff der Schutzpolizei gab es im 19. Jahrhundert noch nicht. Der Schutzpolizei vergleichbar waren die Vollzugsorgane: Gendarmerie, Schutzmannschaft und Gemeindepolizeibeamte. Die Gendarmerie wurde z. B. in Preußen durch die Verordnung vom 30. Juli 1812 errichtet. Als Vorbild diente die französische Gendarmerie.

Die Gendarmen waren Militärpersonen und unterstanden als solche dem Kriegsministerium. Ihre dienstliche Verwendung wurde jedoch, soweit es sich um polizeiliche Vollzugstätigkeit handelte, vom Ministerium des Innern und dessen nachgeordneten Behörden geregelt. Lediglich im Kriegszustand, im Belagerungszustand und bei Aufruhr unterstand die Gendarmerie auch verwendungsmäßig der Armee. Erst 1919 verlor sie ihre militärisch-polizeiliche Doppelstellung und wurde unter dem neuen Begriff Landjägerei in die Schutzmannschaft eingegliedert. Die königliche Schutzmannschaft, durch die ›allerhöchste Kabinettsordre‹ vom 23. Juni 1848 eingeführt, war in den Städten Preußens Exekutivorgan der staatlichen Polizeiverwalter. Aus ihr ging im Jahre 1919 die Sicherheitspolizei hervor, die im Jahre 1920 in Schutzpolizei umbenannt wurde. Die Gemeindepolizeibeamten, die in den mittelalterlichen Rats- und Stadtdienern und in den späteren Polizeiausreitern (Landhusar und Landdragoner) ihre Vorläufer hatten, waren die Exekutivbeamten in den kleineren Städten[4].« Die militärische Tradition aber überdauerte 200 Jahre, und die Uniformen, bis hin zur Pickelhaube Kaiser Wilhelms II., blieben die äußerlich sichtbaren Drohsymbole des Polizisten, der als Vater Staat in Person schlechthin respektiert wurde. »Die Tatsache, daß bis 1918 die Gendarmen als ›Personen des Soldatenstandes‹ von allen niedrigen Soldatendienstgraden gegrüßt werden mußten«[5], zeigt die nach innen wirkende und starke Verklammerung zwischen Militär und Polizei einerseits und andererseits das gefestigte Rollenverständnis dieser Berufsgruppen nach außen. Als Türhüter einer vom Staat geheiligten Stille galt ihnen die Ruhe als die erste Bürgerpflicht.

Unabhängig von allen Wandlungen, die die Polizei im Rechtsbegriff jeweiliger Dezennien durchmachte, blieb der Bürger bis heute »das polizeiliche Gegenüber«, also das mögliche Feindbild im Observationskreis des Polizisten. Die tiefverwurzelte Respektangst vor diesem dürfte im 19. Jahrhundert anzusiedeln sein. Insbesondere im Zeitabschnitt der Restauration, in dem der Biedermann zu hohen Ehren gelangte, gereichten »Maß und Biedersinn dem Bürger, der einer hohen Obrigkeit genehm sein will«[6], besonders zur Zierde. Bemerkenswert in diesem Zusammenhang ist auch der Satz aus dem Königlich-preußischen Publikandum vom 16. Dezember 1808: »Es ist unerläßliche Pflicht eines jeden Staatsbürgers, im Vertrauen auf die stets rege Fürsorge seines Landesherrn geruhig und treu seinen Beruf zu üben und sich nicht weiter in die öffentlichen Angelegenheiten und Verhältnisse zu mischen, als Verfassung und Landesgesetze es gestatten[7].« Doch wie sahen diese Landesgesetze aus? Hier einige Beispiele: Es gab das Rauchverbot, weil es »gegen die dem Publikum schuldigen Rücksichten und der Bestimmung der Straße ganz entgegen ist«[8].

Es gab das Verbot, einen Bart zu tragen, es gab eine Bestimmung gegen »hämisches Verspotten und boshaften Tadel öffentlicher Anstalten«[9], es gab selbstverständlich das Verbot, Ruhe zu stören, und es gab die ständig wiederkehrende Bestimmung gegen die »Eitelkeit des Besserwissenwollens«[10]; die weitverbreitete geistesfeindliche Haltung schlug sich nieder in der Feststellung, daß »Studenten, welche sich zur Zeit eines Tumultes oder in größerer Zahl nach Mitternacht auf der Straße finden lassen, die Vermutung böser Absicht oder eines liederlichen Lebenswandels wider sich haben«[11], und auch in den Gesetzen gegen Lehrer, »die den Verirrungen der Zeit huldigen und sich namentlich auf Angelegenheiten der Staatsverfassung und der Verwaltung eine nähere oder entferntere Einwirkung anmaßen«[12]. Darüber hinaus gab es selbstverständlich im Aufgabenkatalog der Polizei neben der »Sicherung der Staatsverhältnisse« insbesondere die »Sicherung der gesellschaftlichen Privilegien«, die gerade durch die Reformversuche des Freiherrn vom Stein und des Fürsten von Hardenberg bedroht schienen. Gegen diese »liberale Bedrohung mußte die Schutzpolizei u. a. die Einhaltung von Gesetzen gewährleisten, die das Übervorteilen von Standespersonen, das besonders strafwürdig sei, regeln. Tanzveranstaltungen von Personen niederen Standes bedürften einer besonderen Erlaubnis, was für Vergnügungen der Vornehmen als unangebracht angesehen wurde. Bürgerliche hatten den Aufwand bei Begräbnissen zu beschränken, und in der Gesindeordnung war die Polizei verpflichtet, entlaufenes Gesinde der Herrschaft wieder zuzuführen[13].«

Dies alles fand seine vollendete Ausformung durch Metternichs Mitarbeiter Friedrich von Gentz, der gesagt hatte: »Jeder Feudalismus soll mir recht sein, wenn er uns von der Herrschaft des Pöbels, der Studenten und der Zeitungsschreiber befreit[14].«

Ein Handbuch für jeden deutschen Polizeibeamten war der »Anzeiger für die politische Polizei Deutschlands«, erschienen am 1. Januar 1848 und über ein Jahrzehnt verbindliches Nachschlagewerk[15]. Es enthält 6300 Namen sogenannter politisch Verdächtiger. Daß das Buch nicht zum Zweck der Denunziation zusammengestellt worden sei, sondern »um Sittlichkeit und Recht zu erhalten«, ist nur eine der widerwärtigen Entschuldigungen der Verfasser, deren Machwerk nichts anderes war als ein Appell an die niederen Jagdinstinkte der Spießer und der Polizisten.

Nach ihm gehörte selbstverständlich Ferdinand Lassalle »zu den gefährlichen Subjekten der Revolution«. Der Verleger Julius Campe, der Heinrich Heines verbotene Schriften gedruckt hat, machte »im Winter 1853 seinen ohnehin politisch getrübten Charakter durch beharrliche Renitenz gegen polizeiliche Befehle noch zweideutiger«. Carl Schurz, Ernst Moritz Arndt, Turnvater Jahn, Richard Wagner, Karl Marx, Gottfried Semper, Wilhelmine Schröder-Devrient, Ludwig Uhland, kurz das geistige Deutschland wurde mit der Behauptung, es handele sich um »Volksaufwiegler«, »Kommunisten«, »Republikaner«, »Flüchtlinge«, »Gottesleugner«, »politische Ungeheuer«, »Schwärmer« oder »Heuchler der schlimmsten Art« zum Freiwild erklärt.

Mühelos ist diesem Buch zu entnehmen, wie sehr auch die Nach-Metternich-Ära vergiftet war, »allerdings nicht durch die genannten 6300 ›gefährlichen Subjekte‹, sondern durch ein Spitzel- und Büttelsystem, das seine oft als spitzwegisch verniedlichte Krähwinkelgesinnung sehr wohl durch brutales Machtgebaren demaskieren konnte. Die Zahl der ver-

hängten Zuchthaus- und Todesstrafen, denen sich ein Großteil durch Flucht entziehen konnte, ist beredt genug [16].«
Daß sich im Jahre 1848 mit dem Zusammentritt des ersten deutschen Parlamentes in der Frankfurter Paulskirche darum große Hoffnungen verbanden, war nur zu verständlich. Aber es darf gerade darum nicht verschwiegen werden, daß für eine breite bürgerliche Mittelschicht der »Paulskirche« unverändert die Überzeugung galt, »daß an der Fürstengewalt mit dem absoluten Veto nicht gerüttelt werden dürfe, weil mit dieser Gewalt das ganze Fundament des Staates sinken müsse« [17]. So der sächsische Abgeordnete Gustav Hallbauer, der zwar als liberal galt, also für die Freiheitsrechte des Volkes und für eine in der Konstitution festgelegte Gewaltenteilung eintrat, aber keineswegs demokratisch dachte und also nicht der Ansicht war, daß alle Macht vom Volke auszugehen habe. Als Hallbauer in einem Brief an einen sächsischen Gesinnungsfreund einerseits die Gefahr der Linken beschwört, andererseits aber die Überzeugung äußert: »... von Bajonetten und äußerer Gewalt haben wir nichts zu fürchten« [18], ahnte er noch nicht, wie unpolitisch und naiv seine Hoffnung war, denn wenig später wurde das Paulskirchen-Parlament vom Militär auseinandergetrieben. Man hatte nur einen Schritt von vorgestern nach gestern gemacht.
Mit der Reichsgründung und der damit folgenden konstitutionellen Monarchie wurden auch die Aufgaben der Schutzpolizei relativiert. Vor allem setzte sich trotz der Zuständigkeit der Bundesstaaten nach der Reichsgründung 1871 der Begriff der »Gefahrenabwehr« als polizeilicher Grundsatz durch. Er wurde – ohne rechtlich besonders fixiert zu sein – in allen Bundesstaaten zur Norm polizeilicher Tätigkeit; daneben aber blieben autoritäre Sondervollmachten in Kraft, die insbesondere das von der Verfassung garantierte Vereins- und Versammlungswesen in stärkster Weise beeinflußten. »Auf Versammlungen durften zwar politische Angelegenheiten erörtert werden, was aber dem Geist der Regierung nicht entsprach, hatte in der Regel die Auflösung zur Folge. Was das im einzelnen war, bestimmte der poli-

tisch ungebildete Polizeivollzugsbeamte, der lediglich eine militärische Ausbildung erhalten hatte. Frauen, Schüler und Lehrlinge durften an Versammlungen nicht teilnehmen ... Von diesen Bestimmungen ausgenommen waren nur gewöhnliche Leichenbegängnisse, Züge der Hochzeitsgesellschaften, kirchliche Prozessionen, Wallfahrten und Bittgänge, wenn sie in der hergebrachten Art stattfanden ... Daraus folgt: Aufgabe der Polizei wäre es an sich gewesen, die von der Verfassung gewollte und vom Gesetzgeber nicht verfassungskonform geregelte, genossenschaftliche Idee zu realisieren. Der Genossenschaftsgedanke war das aktive belebende Moment des Verfassungsrechts. Das haben die Polizeibehörden verkannt. Zumindest in diesem gesellschaftlichen Bereich wurde auch im Verfassungsstaat die Schutzpolizei mißbraucht, um tradierte Autoritätsgedanken zu realisieren[19].« Und weil die Behörden, mit ihrer gesinnungskonformen Polizei fusioniert, seit eh und je gewohnt waren, in Versammlungen den Keim zum Aufruhr gegen den Staat zu erkennen (eine heute auch noch anzutreffende Unterstellung), blieb alles beim alten. Eine Anordnung vom 17. Oktober 1820 besagte: »Es bleibt jedoch in der Regel die Pflicht der Zivilbehörde, mit Hilfe der Gendarmerie Unruhen in ihrem Entstehen zu unterdrücken und die Ruhe zu erhalten ... Findet indes der Militärbefehlshaber bei Beobachtung des Auftritts nach Pflicht und Gewissen, daß die Zivilbehörde mit der Requisition um Militärbeistand zu lange zögere, indem ihre Kräfte bereits nicht mehr ausreichen, die Ruhe herzustellen, so ist er befugt und verpflichtet, auch ohne Requisition der Zivilbehörde einzugreifen und den Befehl, dem diese sich zu fügen hat, zu übernehmen[20].« Diese und ähnliche Anordnungen galten bis zum Jahr 1919. Daraus ergibt sich ein klar definiertes Abhängigkeitsschema, das noch illustriert wird durch die Tatsache, daß Polizeibeamter nur werden konnte, wer sich in der Armee bewährt hatte, was zu nichts anderem führte als zu einer durch Befehl und Gehorsam geformten und genormten Gestalt. Sie identifizierte sich voller Hingabe mit der Armee, sie war de facto ja Truppe, und ihr Einsatz entsprach

dieser Provenienz. Den Polizeibeamten als »Bürger« hat es nicht gegeben, der Polizist war immer auch Soldat, und Recht war, was dem Staate nützte.
So läßt sich trotz eines immer wieder relativierten Rechts- und Polizeibegriffs sagen, daß Ordnung bis zum Ende des Kaiserreichs 1918 dennoch als Einheit gesehen werden konnte, nämlich als Einheit von schönem Schein und chauvinistischer Härte, getreu der damals geltenden Auffassung, die in dem folgenden Vers trefflich zum Ausdruck kommt:

»Das Volk soll gehorchen!
Drum sag ihm, Lehrer, Gehorsam sei Tugend!
Mach ihn zum Vater den Herrscher,
und willig gehorcht es aus kindlicher Liebe.
Rühr mit bewegter Stimme die Herzen der Schüler!
Regiert sich's doch leichter,
hat ein Volk mehr Gemüt als Verstand [21].«

Stefan Zweig weiß aus jener Zeit der hehren Ideale und des sittlichen Wohlverhaltens zu berichten: daß »ein Mädchen, das sich entschlossen hatte, Prostituierte zu werden, von der Polizei eine besondere Konzession bekam und als Berechtigungsschein ein eigenes Buch. Indem sie sich polizeilicher Kontrolle unterstellte und der Pflicht genügte, sich zweimal in der Woche ärztlich untersuchen zu lassen, hatte sie das Gewerberecht erworben, ihren Körper zu jedem ihr richtig dünkenden Preise zu vermieten. Sie war anerkannt als Beruf, aber – hier kam der Pferdefuß der Moral – doch nicht voll anerkannt. So konnte zum Beispiel eine Prostituierte, wenn sie ihre Ware, das heißt ihren Körper, an einen Mann verkauft hatte und er nachher die vereinbarte Bezahlung verweigerte, nicht gegen ihn Klage führen. Dann war mit einem Mal ihre Forderung – ob turpem causam – plötzlich eine unmoralische geworden, die nicht den Schutz der Obrigkeit fand [22].« Dies nur als Schlaglicht auf eine Epoche, die oft noch in gegenwärtigen Beurteilungen »die gute, alte Zeit« genannt wird, die aber wie kaum eine andere dazu beigetragen hat, Zivilcourage durch »Treu und Redlichkeit« zu verfälschen. Die Polizei handelte auch in ihr stets weisungsgebunden, sie »hatte Gesetze auszuführen,

Gesetze, die zumindest dem Geist der Verfassung widersprachen« [23], nicht aber dem Restaurationshunger der nationalen Kreise.

Nach dem Ersten Weltkrieg wurde der Polizeibegriff »weitgehend durch die Rechtsprechung der Oberverwaltungsgerichte geprägt. Die Aufgabe der Schutzpolizei bestand zwar primär in der Aufrechterhaltung von öffentlicher Sicherheit und Ordnung ..., aber aus zwei Gründen war indes die optimale Erfüllung dieser Aufgabe nicht möglich: die unruhigen Zeiten nach dem verlorenen Krieg und die personale Struktur der Schutzpolizei [24].« Hier erwies sich die Tradition, derzufolge zur Polizei nur kam, wer als »Zwölfender« beim Militär abmusterte und niemals zum Denken erzogen worden war, wiederum als mystische Kraft. Dem zuzuordnen wäre eine relativ intakte Bürokratie, die trotz der schaurigen Aderlässe und Fronterlebnisse weiterhin ihren Prinzipien treu blieb; und vor allem eine Armee, die den verlorenen Krieg mit der Parole verkleisterte: »Im Felde unbesiegt!« Mit ihnen seelenverwandt, funktionierte zwar die Polizei dieser Weimarer Republik, die sich dennoch anschickte, das gesamte Polizeiwesen zu reformieren. Aber das demokratische und darum ungeliebte Staatsgebilde vermochte mit Billigung der damaligen Besatzungsmächte wiederum auch nur eine sich aus Soldaten rekrutierende Polizei, die wiederum von Offizieren der Armee befehligt wurde, auf die Beine zu stellen. »Dementsprechend gab es keinen polizeilichen Einsatz, sondern militärisches Vorgehen [25].«

Art und Weise dieses polizeilichen Vorgehens führte erneut zu einer Diskreditierung der Polizei in breiten Schichten des Volkes. »Das wurde auch von den damaligen Besatzungsmächten erkannt. Auf deren Anordnung mußten die schweren Waffen abgeliefert werden. Die so ›entmilitarisierte‹ Sicherheitspolizei wurde mit den Resten der Schutzmannschaft zur Schutzpolizei vereint. Diese war aber auch noch militärisch ausgerüstet und organisiert. Ausbildungsstätte war der Kasernenhof. Dort wurden die Beamten gedrillt. Der Kasernenhofton blieb Umgangston mit der Bevölkerung..., und in dieser Zeit entstand das böse Wort: Wir möchten Schutz vor den Schutzleuten. Das Zerrbild vom Schutzmann als Bürgerschreck war (wieder) da [26].« Wenngleich auch polizeiliches Handeln auf dem Papier rechtsstaatlich vorgesehen war, so wurde in der Weimarer Zeit dennoch an Traditionen vergangener Epochen beharrlich festgehalten. Das ändert nichts an den Verdiensten des zeitweiligen Reichsinnenministers Carl Severing (1875–1952), der stets bemüht blieb, eine bürgernahe Polizei zu entwickeln, der aber auch bekennen mußte, wie seltsam »die Berufungen auf demokratische Grundsätze aus dem Mund derjenigen Polizeioffiziere klangen, die früher im antidemokratischen Lager gestanden hatten. Ihr Bekenntnis zur Demokratie hatte darum nur formale Bedeutung. Es war ein Lippenbekenntnis übelster Art, wie die Selbstdemaskierung der Herren, die es manchmal so ostentativ ablegten, zu Beginn der Hitlerzeit bewies [27].« So war Carl Severings Mühe, die deutsche Polizei aus ihren strammen militaristischen Zwängen herauszulösen, vom Ansatz her schon zum Scheitern verurteilt. Denn – von wenigen Ausnahmen hervorragender Polizeioffiziere und Mannschaften abgesehen – war die Mehrzahl des Führungskorps schon in der »Wolle« deutschnational, sprich nationalsozialistisch eingefärbt. Sie lieferte ja die Ordnungsvorstellung einer Nation, die – wie Emil Ludwig einmal sagte – »weder verlieren konnte noch sich verständigen wollte, die noch in der Ohnmacht auf die Gewalt schwor und jeden Europäer, vollends noch einen Juden zu vernichten entschlossen schien« [28].

Die Fememorde dieser Zeit waren stets durch vorausgegangene Parolen und deutlich ausgesprochene Morddrohungen angekündigt. »Knallt ab den Walther Rathenau, die gottverdammte Judensau« [29], mag als Beispiel für alle stehen. Daß der Aufforderung die Tat folgen konnte, verwundert nicht, denn in den Reihen der Polizeioffiziere »galt es sogar als standesgemäße Pflichtübung, die Demokratie als schwach und undeutsch hinzustellen. Als Spiegelbild der durch von Seeckt geprägten militärischen Leitbilder war ihnen alles Politische fremd. Die Beschäftigung mit politischen Fragen wollten sie den ›anderen‹ überlassen. Sie wollten nur gehorsame Diener der Obrigkeit sein, und zwar des Staates schlechthin, ohne sich mit einer bestimmten Staatsform innerlich verbunden zu fühlen. Auf den menschlichen Anspruch, als Bürger ihres Staates politisch mitzudenken bzw. mitzugestalten, verzichteten sie. Sie waren zur politischen Enthaltsamkeit erzogen. Und gerade dieses Leitbild der politischen Abstinenz war es, das den späteren Belastungen von innen heraus nicht gewachsen war [30].«

Man kann also – ohne zu verallgemeinern – sagen, daß diese archetypische deutsche Bewußtseinshaltung, diese Gewissensabdankung und dieses »Staatsdienertum ohne demokratischen Gehalt« (Tonis Hunold) am Ende eben doch mitgeholfen hat, die Straßen für Hitlers »braune Bataillone« freizukämpfen, um – mal wieder für Ruhe und Ordnung – einzustehen. Nichts ist aufschlußreicher als der Bericht des Polizeiobersten Hans Lange (Anhang S. 189–192), der auf den Polizeieinsatz der blutigen Maitage des Jahres 1929 in Berlin, in denen 30 Menschen das Leben verloren, eingeht und u. a. sagt:

»... die Polizei aber, einmal für den erwarteten Kampf bereitgestellt, und – wie sie nun einmal erzogen ist – wohl auch von dem Drang erfüllt, sich zu erproben, stürzte sich in Kampfhandlungen, nicht nur gegen Häuflein von Demonstranten, sondern auch gegen Straßenpassanten, deren unglückliches Schicksal es wollte, daß sie gerade diese Straße benutzen mußten, weil sie dort ihr Heim hatten ... [31].«

Wenn im »Polizei Notruf«, herausgegeben von der Gewerkschaft der Polizei (GdP), über die Zeit von 1933 bis 1945 gesagt wird, »das NS-Regime hat die Polizei von Anfang an als Herrschaftsinstrument verstanden und mißbraucht ...«, so muß dem also widersprochen werden, denn es kann nur eine Polizei »mißbraucht« werden, die vor dem Mißbrauch intakt war, und unter diesem Aspekt belegt ihre Geschichte, daß sie ihre wie auch immer geartete Verwendung nie als Mißbrauch empfinden konnte oder gar durfte.

Der totale Staat war gewissermaßen längst vorbereitet, denn die fertigen Einzelteile, aus denen er nur noch zusammenmontiert zu werden brauchte, standen griffbereit zur Verfügung. Es bedurfte lediglich ihrer Montage. Die Polizei muß im Sinne dieser Einzelteile als ein sehr wesentliches Montagestück angesehen werden, denn auch die Justiz selbst war es, die – wiederum natürlich von Ausnahmen abgesehen – deutschnationale Rittmeister und Generäle, so sie sich als politische Täter auf das Vaterland und den Frontgeist beriefen, mit ungewöhnlicher Milde behandelte, nicht aber Sozialdemokraten oder, kurz gesagt, Demokraten. Was die Nationalsozialisten mit der geradezu übernahmereifen Polizei veranstalteten, war also nichts anderes als eine sich aus der vorfabrizierten Mechanik ergebende Konsequenz. Sie lautete:

»SA, SS, POLIZEI. Früher konträre Gegensätze, heute zusammengeschweißte Einheit, stärkster Schutz der Nation gegen alle Volksfeinde. Immer wieder, Tag für Tag merkt man, wie segensreich sich das Zusammenwirken dieser Grundfaktoren staatlicher Ordnung auswirkt. Gleichermaßen werden heute SS, SA und Polizei von allen Kriminellen, staats- und volksfeindlichen Elementen gefürchtet. Handelt es sich um Kommunisten, um Räuberbanden und andere Schädlinge der Nation, immer stehen SA, SS und Polizei bereit, vorzubeugen oder einzugreifen. Noch mehr brachte uns diese Einheit: die Polizei wurde Volkspolizei, zu der jedes Kind mit ebensoviel Vertrauen aufschaut wie zu dem SA-Mann Adolf Hitlers. Bekämpfer alles Bösen, Helfer jedem Schutzsuchenden, das sind heute die staatstragenden Organe des neuen Deutschland: SA, SS und POLIZEI [32].« Bringt man das liturgisch hochgebrüllte Nationalgefühl auf die für die Polizei verbindliche Rechtsform, so ergibt sich zwangsläufig folgende Rechtsdefinition: »Was die Regierung von der Polizei betreut wissen will, ist der Inbegriff des ›Polizei-Rechts‹, das das Handeln der Polizei regelt und bindet. Solange die Polizei diesen Willen der Regierung vollzieht, handelt sie rechtmäßig; wird der Wille der Führung übertreten, so handelt nicht mehr die Polizei, sondern begeht ein Angehöriger der Polizei ein Dienstvergehen. Ob der Wille der Führung die ›richtigen‹, d.h. die möglichen und notwendigen Regeln für das Handeln der Polizei – also das dem Volke angemessene und förderliche ›Polizeirecht‹ – setzt, ist keine Rechtsfrage mehr, sondern eine Schicksalsfrage. Denn wirklicher Mißbrauch des ›Rechtsetzungs-Rechtes‹ durch eine Volksführung – bestehe er in schädlicher Schärfe oder schädlicher Schwäche – wird sicherer als von einem Staatsgerichtshof vom Schicksal selbst nach den verletzten Lebensgesetzen mit Unglück und Umsturz und Scheitern vor der Geschichte bestraft[33].«

Der Transport des Rechts in den Schicksalsbereich und die Bindung des Rechts an den Auftrag der Geschichte, als deren Vollstrecker Hitler sich selbst sah, ermöglichte schließlich einen machbaren Menschen. Seine Außensteuerung kann als total angesehen werden. Aber auch in diesem Sinne war die Polizei nicht Opfer, sondern nur konsequente Fortsetzung ihres eigenen Weges. Er führte sie im Verlauf des Zweiten Weltkrieges durch alle von den Nazis besetzten Gebiete Europas und ließ sie ihr »von der Geschichte befohlenes Handwerk« erledigen. Es war Mordhandwerk bis zur Leichenfledderei, so furchtbar, daß sich selbst deutsche Generäle veranlaßt sahen, scharf zu protestieren. General Blaskowitz, im Mai 1940 als Oberbefehlshaber Ost abgesetzt, und General Ulex berichten: »Die sich gerade in letzter Zeit anhäufenden Gewalttaten der polizeilichen Kräfte zeigen einen ganz unbegreiflichen Mangel an moralischem und sittlichem Empfinden, so daß man geradezu von Vertierung sprechen kann. Um diesen unwürdigen, die Ehre des ganzen deutschen Volkes befleckenden Zustand zu überwinden, müssen alle verantwortlichen Polizeiverbände einschließlich ihrer sämtlichen höheren Führer mit einem Schlag abgelöst und aufgelöst werden[34].«

Nach dem Zweiten Weltkrieg fanden sich viele dieser so apostrophierten Leute wieder in den Reihen der deutschen Polizei. Erst nach und nach wurden sie »ermittelt« und vor Gericht oft wegen Beteiligung an Massenmorden angeklagt. Diesmal waren sie Opfer, aber unvergleichbar anders behandelt als jene, die während ihrer Machtausübung ihre Opfer wurden.

In zahlreichen Prozessen standen nicht nur die Polizeipersonen, sondern auch die Wertmaßstäbe von Befehl und Gehorsam vor den Richtern. Der sogenannte »Klartext« der Befehle, »die einfach, klar und verständlich« zu sein haben, wurde von den Angeklagten geradezu herausgewürgt, weil sich das Einfache als Mord, das Klare als das Mißverständliche und das Verständliche als eben das Unverständliche entschleierte. Trotz alledem und wider bessere Erfahrungen kann man über den Wiederaufbau der deutschen Polizei nach dem verlorenen Zweiten Weltkrieg 1945 als einer »Wiederbelebung überkommener Machtvorstellungen« [35] sprechen. Denn »das Deutschland-Kommuniqué der New Yorker Außenministerkonferenz vom 19. September 1950 sah vor, den deutschen Stellen die Möglichkeit zu geben, eventuellen Untergrundbewegungen wirkungsvoll entgegenzutreten. Gedacht wurde an eine Polizeitruppe. Bei der Aufstellung sollten die Alliierten Streitkräfte ihre Unterstützung gewähren. Auf Grund dieses Beschlusses haben die Länder und der Bund am 27. Oktober 1950 das ›Verwaltungsabkommen über die Errichtung der Bereitschaftspolizeien der Länder‹ geschlossen. Aufgabe dieser Bereitschaftspolizei sollte es sein, in Fällen möglicher Unruhe die Sicherheit wiederherzustellen. Darüber hinaus sollte sie zur Bekämpfung von Sabotageakten eingesetzt werden. Von der Konzeption her war an eine Polizeitruppe gedacht, die mit dem Einzeldienst der Schutzpolizei nichts zu tun hat [36].«

Was heute der Bundeswehr und dem Bundesgrenzschutz als Aufgabe übertragen ist, sollte ursprünglich von der Bereitschaftspolizei garantiert sein, und so war schon im Keim die Ehe zwischen Polizei und Militär erneut beschlossene Sache. Die Waffengebrauchsbestimmungen sind deutlicher Hinweis auf eine Umgehung der Verfassungsabsichten, denn aus ihnen läßt sich nicht herauslesen, was »Waffe« eigentlich ist. »Zwar regeln die Waffengebrauchsbestimmungen im einzelnen, unter welchen Voraussetzungen der Gebrauch von Waffen zulässig ist [37], aber daß zu diesen Waffen auch Explosivwaffen gehören, verweist auf Denkmodelle in der Ministerialbürokratie, die sich an bürgerkriegsähnlichen Gegebenheiten orientieren, nicht aber an einer wünschenswerten Polizeiwirklichkeit im Rahmen der ihr zumutbaren Aufgabe. Wenn darum die Gewerkschaften, insbesondere die GdP und die ÖTV, seit Jahren diese Bewaffnung und die militärnahe Ausbildung der Polizei nicht nur kritisieren, sondern auch bei jeder Gelegenheit bekämpfen, dann haben sie als Rechtfertigung die bitteren Erfahrungen der letzten 200 Jahre auf ihrer Seite. Sie sind nicht die ersten, die einen solchen Standpunkt beziehen, denn schon vor über 150 Jahren hat der Organisator des Preußischen Volksheeres, Hermann von Boyen, »erkannt, daß sich aus dem Genossenschaftsgedanken die Verbürgerlichung der Polizei ergeben muß. Jede militärische Organisation sei gemeinschädlich. Gegen Ende des vorigen Jahrhunderts kommen 1861 Ave-Lallemant und 1908 Ernst Pistor neben anderen zu dem Ergebnis, daß die Ausschaltung des militärischen Charakters der Exekutivpolizei im Interesse der Reibungsminderung polizeilicher Tätigkeit« liege [38].

Damit schließt sich der Kreis, an dessen Ausgangspunkt die Rede Werner Kuhlmanns gegen die Renaissance militärischer Traditionen und Ambitionen in unserer Polizei stand. Zu fragen ist, ob das vorhandene Material ausreicht, die Warnrufe der Gewerkschaften zu stützen oder sie als unberechtigt zurückzuweisen. In diesem Zusammenhang muß noch einmal auf die Weimarer Republik eingegangen werden, denn in führenden Polizeikreisen ist immer wieder zu hören, daß die für die heutige Polizei verbindlichen Modelle in der Weimarer Republik zu suchen seien. Dies ist um so erstaunlicher, weil geschlossene Polizeiverbände weder im »absolutistischen Polizeistaat noch im Kaiserreich vorhanden waren. Sie sind ein Kennzeichen der neueren deutschen Polizeigeschichte, also der Weimarer Republik. Sie wurden 1918/19, größtenteils aus Freikorps, als kasernierte Sicherheitspolizei aufgestellt. Ihre Aufgabe war die Bekämpfung von Unruhen. Dem entsprach auch ihre Bewaffnung: Maschinengewehre, Handgranaten, gepanzerte Fahrzeuge, leichte Geschütze. So geht denn nicht nur die Tradition der heutigen Bereitschaftspolizei direkt auf die Zeit des Novemberumbruchs (1918) zurück,

auch die Ausrüstung der Polizei mit Explosivwaffen hat ihren Ursprung ausgerechnet in den Geburtsstunden der ersten deutschen Republik[39].« Aber diese Fakten allein besagen nichts, solange nicht der Geist, der sie belebt, durchleuchtet wird, und hier beginnt der Prämissenschwindel.
Die Grundlage für diese Behauptung bildet »Die Polizeischule; eine soziologische Studie« von Dr. Erwin Palm. Sie erschien 1933, und sie entstand noch in der Zeit der Weimarer Republik. In ihr sagt der Verfasser u. a. über »das kategorische Distanzproblem als Grundlage der inneren Organisation der Polizeischule«:
»Der Dienst in der Polizeitruppe (im Gegensatz zum Dienst im Heer) ... muß höhere Anforderungen stellen, denn die Polizeitruppe muß von dem Bewußtsein durchdrungen sein, daß sie beim Kampf gegen Aufständische nicht gegen äußere Feinde, zu denen man soziologisch in einem anderen Distanzverhältnis steht, kämpfen muß, sondern daß sie Andersdenkende, im Sinne der Staatsbejahung ›irregeleitete‹ Volksgenossen nötigenfalls mit den schärfsten Mitteln zurückführen soll[40].«
Folgende Beispiele mögen belegen, nach welchen Kriterien der junge Polizeischüler, also der Polizeinachwuchs in der Weimarer Republik, geschult worden ist...

Noviziat und Gruppe:

»Bei allen Berufsgruppen beobachten wir ein solches Noviziat, als Gesellen- und Lehrlingstum, als Anwärtertum im Beamtenwesen, als Fähnrichstum vor der Rezeption in den Offiziersstand. Jedes Noviziat dient dazu, den Novizen mit dem Zweck der Gruppe, der er sich verschreibt..., etwa mit dem Berufsethos, vertraut zu machen..., ihn an das für die Gruppe geltende Richtmaß anzupassen; so der Novize im Kloster dem Mönch, der Fabrikarbeiter auf der Arbeitsstätte dem Proletarier oder aber einem bestimmten Vorbild, das der Gruppe als Muster vor Augen steht. Immer soll dieser Angleichungsprozeß das Ergebnis der Uniformierung bringen...[41].«

Die Stube und der »Gruppen-Adam«

»Bei der Gestaltung der untersten Organisationsstufe, der Stube, ist ein doppelter Gesichtspunkt maßgebend gewesen:
1. daß der Prozeß der Unterordnung als der das Handeln ständig beeinflussen sollende einer so intensiven Gestaltung bedarf, daß seine Ausdrucksform, der Gehorsam, auch dem durch den autoritativen Machtwillen des gemeinsamen Vorgesetzten, des Lehrabteilungsführers, mit Befehlsbefugnis ausgestatteten Stubenältesten gegenüber geübt werden muß . . .
2. daß erfahrungsgemäß jede organisierte Gruppe aus sich heraus entscheidenden Wert besonders auf die gegenseitige Erziehung legen muß, damit recht bald der ›alte Adam‹ stirbt, ein neuer wächst, der ›Gruppenadam‹ [42].«

Kaserne und Zwang-»Du«

»Das ständige Zusammenwohnen, die gemeinsame Mahlzeit, das Miteinanderverbringen so mancher Frei- und Halbfreistunde beschleunigt in Dauerkontakten die Annäherungsprozesse außerordentlich stark . . . Während der gemeinsamen Samstagsreinigung der Kasernen erkennt jeder von selbst, daß die weite Distanz zu dem anderen Kameraden ein Ding der Unmöglichkeit ist . . . Da wird das vertrauliche ›Du‹ befohlen, das als Ausdrucksform brüderlicher Vertrautheit der Entwicklung vorauseilt und eine Situation schafft, in die sich die Männer erst hineinleben müßten und schließlich im Suchen nach Gleichgesinnten oder Gleichgebildeten oder sozial Gleichgestellten infolge gefährlicher Grüppchenbildung nie hineinleben könnten. Da würden ohne diesem Zwang-›Du‹ schwerfällige Naturen oder solche, die an ihrer alten Gemeinschaft krank geworden sind, die persönliche Nähe zum neuen Kreise nicht finden, die ihre Isolierung vermiede. Der zwangsweise Isolierte müßte letztlich an sich selbst verzweifeln, zur Verachtung seiner eigenen menschlichen Qualitäten . . . gelangen und so zum Außenseiter werden, der in der im Strome des Volkslebens stehenden Polizei keinen Platz mehr haben kann . . . [43].«

Richtmaß und Tempo

»Es wird das Richtmaß befohlen, und es bleibt nicht etwa auch hier der Entwicklung überlassen, ein Richtmaß zu bilden... Tempo. Tempo. Es bleibt eben nicht die Zeit, den Polizeischülern die Wahl des Vorbildes, nach dem sie handeln wollen, zu überlassen. Das wäre zweifellos auch zu gefährlich hinsichtlich der Einheit des erstrebten Gebildes. Von bestimmten Parteien oder Gewerkschaften entsandte Funktionäre könnten Gruppenziel und Gruppenstreben in eine Richtung bringen, die dem von oben her gesetzten Ziel kontradiktorisch gegenüberstände[44].«

Sympathetische Beziehungen und Zwangsgruppe »Zug«

»Die sympathetischen Beziehungen zwischen den einzelnen stehen (jetzt, nach Überwindung des Konfliktbazillus) völlig im Dienste der Zwangsgruppe ›Zug‹. Zwischen den drei Zügen der LA (Lehrabteilung) beginnt der edle Wettstreit um den Lorbeer der Anerkennung. Die gesetzten Richtmaße feiern Triumphe höchster Wirksamkeit. Das ist der Zeitpunkt, da der ganze Mensch mit fast allen seinen Seelenkräften in der Gruppe aufgeht... Das originäre Richtmaß hat sich in der Person des LA-Führers aller Sinne bemächtigt... Immer wieder stellen wir fest, daß die Situation in ihren Umwelt- und Mitweltfaktoren es ist, die den Typus des beamteten Staatsdieners herausarbeitet. ›Was in den Jahren von 18 bis 30 zum Alltäglichen geworden ist, bleibt es auch späterhin. Die Verhältnisse dieser Umwelt werden der Maßstab für das Leben‹... Und wer sich nicht mit der Zunge helfen kann, hilft sich mit der Faust...[45].«

Erziehung und kategorische Distanz

»Nur da, wo die Geschnittenen, Boykottierten, Kaltgestellten, die seitens der Gemeinschaft gegen sie ›verhängte‹ weite, kategorische Distanz mit Leichtigkeit zu ertragen scheinen, die gutgemeinte Warnung der Kameraden nicht beachten wollen, von sich aus die Weite der kategorischen Distanz zur unüberbrückbaren Kluft aufreißen, da werden die härtesten Mittel zu seiner Erziehung zum gefügigen Gruppenmitglied angewandt. Die neunschwänzige Katze kommt über ihn, d. h., er wird einer Lynchjustiz unterworfen, die mit der Krankenstube enden kann. Nur der behandelnde Arzt mag dann eine dunkle Vorstellung von der Katastrophe haben, die über einen Mißachter der Gruppenautorität hereinbrach ...[46].«

Erfahrungen

»Als gelegentlich unseres Rückmarsches vom viertägigen ›Manöver‹ eine vielköpfige Menge den schneidigen Bewegungen und Griffen dieser ›Jäger-Kompanie‹, wie meine Abteilung wegen ihrer grünen Uniformen genannt wurde, starken Beifall zollte, sprach ich später mit meinen Männern über ihre Wertung der von mir geforderten besonders strengen Disziplin, da aus der Menge eine Stimme gerufen hatte: ›Also doch verkapptes Militär.‹ Da sagten mir meine Leute, und mich hat das sehr gefreut: ›Je schneidiger wir sind, um so mehr dienen wir den Interessen des Staates, denn wenn Herr Hauptmann die Zügel locker ließe, dann wären wir ein Sauhaufen und der Staat auch, weil er das duldete. (Gemeint ist natürlich die Weimarer Republik, d. Verf.) So wissen wir, was Sie mit Ihrem Schliff bezwecken, Herr Hauptmann‹ ... Damit wird der große Zwiespalt ihres Herzens beseitigt, den eine aufkommende dunkle Ahnung schuf, als sei der Dienst am Staat gleichzeitig Feindschaft zum Volk. Mit dieser Intuition fließen starke ethische Kräfte als fundamentale Grundlage ihres verantwortungsvollen Polizeibeamtenberufes in ihr Lebensgefühl über. Das hebt sie aus den Reihen jener, die der Gruppe nur um des Soldes wegen dienen, hinauf in die Schicht der Auserwählten, ›denen ihre Sozialfunktion zugleich ihr individuelles Bedürfnis ist‹. Wie anders wäre das Treueverhältnis des Polizeibeamten zum Staat zu erklären, das nur der Tod zu lösen vermag[47].«

Der besondere soziale Typ

»... Nicht also kann es sich bei dem Schutzpolizeibeamten nur um einen besonderen polizeilichen Typus handeln, in einer gewollt engen Fassung des Begriffs, sondern die auch die rein persönliche Seite des Schupos zwangsweise erfassende berufssichtige Eigenart ihrer Denk- und Handlungsweise ganz allgemein muß in ihnen einen ganz besonderen sozialen Typus erstehen lassen... Gerade da nämlich hat der Polizeibeamte mitzuwirken, wo es sich darum handelt, die Bürger zu verantwortungsbewußten Staatsbürgern zu erziehen... Seine festfundierte Einstellung zu Staat und Obrigkeit, seine besondere tiefsittliche Lebens- und Dienstauffassung soll er durch Wort und Tat zum Eigentum breiter Volkskreise machen [48].«

Kleiderkammer, Sanitätsstube und Kultureinbuße als Basis

»... auf der Sanitätsstube, bei der sich die langen Ketten der Anwärter in puris naturalibus den kritisch musternden Blicken des Arztes und den kritischeren der Kameraden aussetzen..., erreicht die Gleichmachung ihren Höhepunkt. Es ist das bezeichnend für das geringe Maß von Selbstbewußtsein, das der moderne Mensch hat. Aller Ausstattung beraubt, bleibt vom persönlichen Ich des zivilisierten Europäers nicht viel übrig.
Aber auch dieses Stadium der Kultureinbuße muß unbedingt als Basis der allgemeinen Uniformierung durchgemacht werden, der durch die Einkleidung sinngemäß äußerer Ausdruck verliehen wird... Der Körper ist nur noch da, um die Garnitur zu empfangen... [49].«

Kaffeeholer 'raus und die geöffnete Hose

»Auch der Weg von 20 Schritt bis zur Küche darf eben nicht selbständig gemacht werden, ja, nach wenigen Tagen hat diese Selbstaufgabe des persönlichen Ichs einen solchen Umfang angenommen, daß das Empfangen des von allen so stark begehrten Kaffees als selbstverständlich unterbleibt, wenn der diensthabende Wachtmeister etwa vergessen sollte, die ›Kaffeeholer‹ herauszurufen. Das Selbstgefühl auch des Studenten mit ›Durchzieher‹ wird nicht mehr verletzt, wenn ihm gleich allen Rock und Hose geöffnet werden, um einen Einblick in die Sauberkeit seiner Leibwäsche zu erlangen ... Dabei bleibt nach kurzer Überprüfung des Anzugs der Blick geradeaus gerichtet, gesprochen werden darf nicht. Maschinenmäßige äußere Gleichförmigkeit und innere Zucht, die in der Beherrschung von Körper und Geist liegen, führen hier zu objektiver äußerer und innerer Unterordnung als Beziehungshaupthaltung in jeder Situation ... [50].«

Des Gehens unkundig

»Auch des Gehens unkundig ist der Polizeirekrut. Ihm wird es recht bald klar, daß er zwar vorwärts stampfen, wackeln, sich fortwälzen kann, nur nicht frei und gerade ausgerichtet gehen. Da beginnt die Uniformierung auch der einfachen Körperbewegung. ... So muß der Lange kürzer treten, der Kurze länger ... [51].«

Ausschaltung jeder Gehirnarbeit

»Bis zum rein motorischen Ablauf unter Ausschaltung jeder Gehirnarbeit sitzen am Ende des Jahres die Karabinergriffe ... Jeder einzelne der 100 Anwärter greift in gleichem Rhythmus, in gleichem Tempo. Der geschlossene Griff von 100 Männern knallt zusammen wie ein Griff. Jedes Tempo ein einheitlicher Schlag, und 100 Hände zucken wie ein Pfiff auf Tempo 4 vom Karabinerriemen zur Hosennaht, und dann ist die Front wieder erstarrt. Das ist das Ziel der einjährigen Ausbildung. Die Einheit hat alle Schwächen des einzelnen abgelegt, ausgestoßen, verächtlich gemacht ... [52].«
Abgesehen davon, daß diese Exzerpte aus einer Doktorarbeit eine Zustandsbeschreibung unserer damaligen Universitäten mit Blick auf deren geistige Verwahrlosung zuließen, ergeben sich für die Polizei folgende Schlüsse:

1. So, wie die Zitate es belegt haben, war die Ausbildung des jungen Polizeianwärters in der ersten deutschen Demokratie nicht demokratisch. Die auf diese Demokratie eingeschworenen Beamten mußten versagen. Diese Ausbildung in »Treu bis zum Tod für den Staat« (Palm) basierte damals wie heute auf der unabdingbaren Hegelschen These, nach der »der Geist der Regierung den materiellen Begriff der Polizei« zu bestimmen hat. Der »Geist der Regierung« ist für eine derart ausgebildete Polizei auswechselbar. Eine wie auch immer geartete »Gleichschaltung« ist auf dem bloßen Weg von Befehl und Gehorsam in jedem gewünschten Augenblick, also von heute auf morgen, zu realisieren.
2. Die Berufung auf die Polizeinachwuchsbildung der Weimarer Polizei ist die Berufung auf ein »Leitbild«, das direkt zum Polizeistaat der Nationalsozialisten geführt hat, auch wenn Verfassung und Recht eine neue und vorzügliche Interpretation erfuhren. »Einen Inhalt hatte sie (die Weimarer Verfassung) schon seit langem nicht mehr, formal aber blieb sie in Kraft bis ans Ende der ›tausend Jahre‹: Hitler fand es nicht der Mühe wert, sie aufzuheben oder gar durch eine neue zu ersetzen ...[53].«
   Hier wie da war »blinder Gehorsam« und notfalls das Faustrecht das primäre Leitbild. Der zölibatäre Charakter der Polizeiausbildung schloß Staatsbewußtsein, das sich nicht an ihm orientierte, aus. Derart ausgebildete Polizeibeamte waren puristische Mechaniker der Macht und nicht sozial in die Gesellschaft zu integrieren. Sie haben die Funktion nach innen, die eine Armee nach außen hat, sie haben ein Feindbild, und dieses Feindbild ist der Bürger, der jeder Zeit zum Gegner erklärt werden kann, solange die Regierung und nicht das Volk den »materiellen Begriff der Polizei bestimmt« und der Staat für den Bürger nichts anderes ist als »der präsente Gott«. (Hegel)

Alter Wein in neue Schläuche

Die britische Eisenbahnstation
»Wrotham and Borough Green«
ist umbenannt worden.
»Dies geschah im Zuge
unserer Modernisierungsmaßnahmen«,
teilte die Bahnverwaltung dazu mit.
Die Station heißt jetzt
»Borough Green and Wrotham«.

Nun ist zu fragen, finden sich Relikte aus der Vergangenheit in unserer Polizei wieder, und ist die Polizei, die wir sehen, der wir begegnen, die wir im großen und ganzen auch zu schätzen gelernt haben, ist diese Polizei nur die so oft zitierte Spitze eines Eisbergs, der unter der Wasserlinie unverändert die »Faust der Nation« verbirgt? Es wird schwer sein, hier eine allgemeingültige Antwort zu finden, weil es »die Polizei« schon durch die Verschiedenartigkeit in den Prioritäten der Ausbildung und des Handelns nicht gibt. Aber über die föderalen Grenzen hinaus läßt sich eine Gemeinsamkeit erkennen, die nachdenklich stimmen muß.

Im Jahre 1971 sagte ein Polizeioberrat der »Höheren Landespolizeischule Münster« in einem Referat zur »Reform der Polizei« folgende aufschlußreiche Worte:

»... Wir müssen im öffentlichen Bewußtsein von dem Verständnis weg, daß Polizei und Militär gleich sind. Wenn Sie (die Zuhörer) mit Abgeordneten, die in den politischen Organisationen für Polizeifragen verantwortlich sind, reden, dann können Sie oft folgende Argumentation hören: ›Ja, also ich bin sachkundig, ich war nämlich auch bei der Bundeswehr, oder ich bin sachkundig, ich bin auch Soldat gewesen.‹ Es gilt also eine weitverbreitete Annahme, daß wer Soldat gewesen ist, auch Fachmann ist für Polizeifragen, eben weil man Polizei und Armee gleichsetzt. Aus diesem Bewußtsein ergibt sich dann eben auch, daß Abgeordnete, die entsprechende Gesetze mit zu beschließen haben, die polizeiliche Organisation als Truppe verstehen, was einschließt, daß es dabei Mannschaften geben muß, also mittlerer Dienst, und dann wenige Führungsorgane mit der Funktion und Stellung von Offizieren. Diese Vorstellung herrscht sowohl in der Bevölkerung als auch vielfach in den Köpfen der politisch Verantwortlichen [1].«

Zum Führungsstil:

»(Es) wäre der Führungsstil der Polizei so zu verändern, daß statt eines Befehlssystems ein kooperatives Rückkopplungssystem, statt eines Untergebenenverhältnisses ein Mitarbeiterverhältnis entsteht. Das muß durchgängig sein, das muß auch geglaubt werden. Wir alle kennen den Vorgesetzten, der sagt: ›Wenn Sie Sorgen haben, dann kommen Sie zu mir.‹ Aber keiner kommt zu ihm, weil ihm niemand glaubt, daß er es ernst meint. Und wenn er es ernst gemeint hat, glaubt man nicht, daß er sich engagieren wird, wenn jemand mit einer Frage kommt.
Der kooperative Führungsstil setzt voraus, daß der Vorgesetzte Verantwortung trägt, auch für die Beamten, die er führt und anleitet. Wenn etwas schiefgeht, dann darf er nicht sagen: ›Das habe ich nicht so gemeint; Sie müssen selbst sehen, wie Sie aus der Sache herauskommen ...‹[2].«

Zu Dienstversammlungen

»Jeder Beamte weiß, daß er nicht alle Vorschriften, die es gibt, behalten kann. Er lebt in dem Bewußtsein, daß er zwangsnotwendig jeden Tag gegen irgendwelche Weisungen verstoßen muß. Ein Vorgesetzter, der diese Weisungen kennt, kann ihn jederzeit disziplinieren. Damit er disziplinieren kann, damit die Schuldfrage von vornherein geklärt ist, werden Veranstaltungen zur Beweissicherung für zukünftige Disziplinarverfahren regelmäßig durchgeführt. Diese Veranstaltungen heißen Dienstversammlungen. In diesen Dienstversammlungen werden die betreffenden Erlasse vorgelesen, und es wird von den Beamten Unterschriftsleistung verlangt, damit man nachher sagen kann: ›Das hätten Sie wissen müssen [3].‹«

Zur Formalausbildung

»Nun haben wir Formalausbildung bei der Polizei, zwar wenig, aber immerhin. Vor kurzem hat ein sehr hoher Polizeibeamter noch geäußert, daß Formalausbildung (sie sei ja nur noch ansatzweise vorhanden) unabdingbarer Bestandteil der polizeilichen Ausbildung sei, weil man ja doch ab und an bei geschlossenen Einsätzen Schwenkungen zu vollziehen habe, und deshalb müßte man ja wohl geübt haben, seinen Körper in eine andere Richtung zu drehen, und das könne man doch wohl nur, wenn man das bei der Formalausbildung gelernt habe. Er hat damit die Formalausbildung für Fußgänger gefordert, denn die müssen ja auch irgendwelche Richtungsänderungen durchführen, auch in der Bewegung. Es gibt andere Großorganisationen, die ebenfalls geschlossene Gruppen in einen Einsatz führen müssen, die aber nicht links- und rechtsum machen und auch nicht den Vorgesetzten grüßen lernen. Dieses Grüßen unter militärischen Verhältnissen ist eine Demutsgebärde... ich bin dir untertan... All das entspricht einem System, in dem jemand einem anderen übergeordnet ist mit der Maßgabe, daß man von ihm beliebiges Verhalten verlangen kann, das dann auch jeweils durchzuführen ist. Derartige Rudimente einer militärischen Vergangenheit der Polizei müssen global abgeschafft werden. Die Formalausbildung der Polizei geht darauf hinaus, nicht fragenden Gehorsam zu erzeugen, d. h. bei dem Betroffenen eine Haltung zu erzeugen, nach der das, was angeordnet ist, auch getan werden muß [4].«

Zu Schlagstock frei!

»Der Befehl: ›Schlagstock frei!‹, wie er von Einsatzleitungen ab und an erteilt wird, bedeutet nicht: ›Leute, jetzt dürft ihr draufhauen.‹ Dieser Befehl bedeutet nur, die Einsatzleitung hat nichts mehr dagegen, daß die über Lautsprecher erlassene polizeiliche Verfügung mit Zwangsmitteln durchgeführt wird, d. h. auch im Einzelfall mit dem Schlagstock, sofern der Beamte, der ihn jetzt zu handhaben hat, der Meinung ist, das ist das einzige Mittel, um denjenigen, der mir gegenübersteht, dazu zu veranlassen, der polizeilichen Verfügung jeweils nachzukommen. Das setzt aber voraus, daß der jeweilige Betroffene weggehen kann. Es ist also Unsinn, wenn er eingekeilt ist, ihm auf Beine und Arme zu schlagen, denn er kann nicht weg. Außerdem hängt es davon ab, daß man ihn möglicherweise auch mit anderen Mitteln dazu bewegen kann, wegzugehen ... In jedem Fall unrechtmäßig (sind) ›Beschleunigungshiebe‹, die abgegeben werden, um dem Beamten dann doch noch ein Erfolgserlebnis zu verschaffen ... Die zu Recht kritisierte Erscheinung, daß Polizeibeamte ohne nachzudenken auf Demonstrantenmengen einhauen, wenn diese bereits davonlaufen, ergibt sich an sich aus diesem Mechanismus: ›Das ist angeordnet, ich bin von der sittlichen Verantwortung frei, ich kann also jetzt ungestraft Aggressionshandlungen vornehmen [5].‹«

Zur Bürgerkriegstruppe

»Wir müßten im Grunde genommen von heute auf morgen weg von der Bereitschaftspolizei. Die Bereitschaftspolizei ist als Bürgerkriegstruppe aufgestellt worden. Das ist in Adenauers Memoiren nachzulesen. Sie wurde von den Besatzungsmächten ausgerüstet ... Nun hat man heute aus Sachzwängen die Bereitschaftspolizei der Polizei angenähert, aber ausgerüstet ist sie immer noch wie eine Truppe. Das fängt bei den Fahrzeugen an, schwere Wagen, die geländegängig sind. Und deshalb werden wohl auch polizeiliche Übungen so gern im Gelände gemacht [6].«

Zur Kaserne

»Ausbildung muß auf die Funktion bezogen sein, Funktion, die auf den jungen Polizisten zukommt. Die ersten Eindrücke, die der junge Mann gewinnt, der heute zur Polizei kommt, ist die Kaserne. Sie wissen, daß sich aus einem Kasernendasein wie zwangsläufig ganz bestimmte Konsequenzen ergeben, Konsequenzen, die nicht zu verhindern sind. Man glaubt, eine bestimmte Ordnung in dieser Unterkunft sei unabdingbar. Wir müssen heraus aus der Kaserne ...[7].«

Die Basis also für die am häufigsten vorgetragene Kritik an unserer Polizei ist die Bereitschaftspolizei der Länder. Ihr gehören ca. 17 000 Mann an, und diese Bereitschaftspolizei »ist der Lernkader, den jeder werdende Schutzpolizist mindestens ein Jahr lang durchlaufen muß. Reichen zur Durchführung der schutzpolizeilichen Aufgaben (Gefahrenabwehr von der öffentlichen Sicherheit und Ordnung, Strafverfolgung) die Mittel der Schutzpolizei nicht aus, dann tritt die Bereitschaftspolizei eines Landes auf den Plan. Dieser Fall trat beim Münchner Banküberfall ebenso ein wie etwa bei großangelegten Suchaktionen nach Verbrechern oder bei lokalen Studentenkrawallen. Aus dem ›Gesetz über den unmittelbaren Zwang‹ folgert unmißverständlich, daß das gesamte Arsenal der Bereitschaftspolizei als polizeiliche Ultima ratio im Notstand eingesetzt werden darf. Allerdings wurden Maschinengewehre und Explosionsmittel (z. B. Handgranaten) bisher nie eingesetzt, aber – so der nordrhein-westfälische Innenminister Weyer – ›Minister wechseln ja‹[8].« Die deutsche Polizei, in Verbindung mit dem Bundesgrenzschutz, der im Rahmen von »Polizeiaktionen« durch den Bund mit eingesetzt werden kann, ist heute die stärkste Polizei Europas, und noch immer verfügt sie als einzige Polizei Europas über die umstrittenen Explosivwaffen. Dies alles – mehr als Bestandsaufnahme zu sehen – vermittelt natürlich keine Einsicht in das von diesem Ambiente bestimmte Milieu. Milieubeschreibungen aber dringen nur

selten an die Öffentlichkeit, und wenn, werden sie von ihr meist hingenommen als »notwendiges Übel« oder als üble Notwendigkeiten. Beides sind sie nicht, denn sie sind ein Übel, um es einmal milde zu formulieren. Und dieses Übel ist schließlich mitverantwortlich für die irritierenden Eigenschaften unserer Polizei. Darum ist es nötig, einige Milieubeschreibungen aus erster Hand hier einzufügen. In einem kleinen, recht beachtenswerten Buch »Die Polizei und die Deutschen«[9] beschreibt Karl Dokupil Polizeierfahrungen »aus eigener Anschauung«. Dokupil, der Ende des Jahres 1951 seine Aufnahmeprüfung für den Eintritt in die Bereitschaftspolizei absolvierte, kehrte schließlich der Polizei den Rücken und wurde Lehrer. Dies sind die Gründe:
»... Der erste Eindruck, den diese Polizeitruppe auf mich machte, war desillusionierend. Denn als ich die Kaserne zum ersten Mal betrat, marschierte just ein Zug junger Polizeisoldaten, mit Maschinengewehren, Maschinenpistolen, Handgranaten und Karabinern bewaffnet, vorüber. Doch mein Wunsch, Polizist zu werden, war zu stark. Ich blieb und unterzog mich der Prüfung. Auch die ersten Wochen der Ausbildung stellten manchen damals vor die Entscheidung: bleiben oder gehen? Denn so kurz die Ausbildungszeit auch war – der Dienstbetrieb blieb rein militärisch orientiert, und immer offenkundiger zeigte es sich, daß ich vollkommen falsche Vorstellungen von der Ausbildung des Polizeinachwuchses mitgebracht hatte. Das sah z. B. so aus: Exerzieren, Gewehrgriffe üben, Präsentieren mit dem Karabiner. Die Gruppe der Polizeianwärter wird von einem ehemaligen Fahnenjunker der Wehrmacht kommandiert. Bei diesen Übungen kann ich nun eine gewisse Heiterkeit nicht unterdrücken. Nach dem Grund dieses unangebrachten Verhaltens gefragt, sage ich, daß ich mich in der Rolle eines Hampelmanns fühle, der wohl nicht durch Schnüre, aber doch durch Kommandos in einem permanent-mechanischen Bewegungsablauf gehalten würde, den ich je länger, je mehr als stumpfsinnig empfände. Die Antwort kam prompt: ›Sie können ja gehen, wenn es Ihnen nicht paßt‹ ... Art und Form der paramilitärischen Ausbildung führten bisweilen

auch bei anderen Beamtenanwärtern zu entsprechenden Reaktionen, und es wurden immer wieder Vorstellungen über die polizeiliche Nachwuchsbildung geäußert, die von der traditionell militärischen stark abwichen. Daß dies weder opportun war noch die geringste Beachtung fand, dürfte nicht verwunderlich sein, denn sowohl die politischen Verhältnisse als auch die personelle Besetzung der Führungsstellen in der Bereitschaftspolizei bot dazu keine noch so bescheidene Aussicht ...[10].«

17 Jahre später konnte man gegen Ende des Jahres 1968 in der ZEIT Nr. 48 lesen: »Gegenwärtig steckt die Polizei in der Bundesrepublik in einer Krise. Die Ursache: eine überholte Ordnungsvorstellung[11].« In diesem Artikel schreibt Sepp Binder, zuvor neun Jahre Beamter im Polizeivollzugsdienst, danach drei Jahre Student, also ausgeschieden aus dem Beruf, u. a.:

»... Die nie gewagte Emanzipation, der späte Versuch, aus der gesellschaftlichen Isolierung herauszukommen, bestimmen Krankheitsbild und Krähwinkelei des sichtbarsten Ordnungsorgans. Zur Geschichte: Nicht selten waren sie verabschiedete Soldaten – die Lehrer und die Polizisten ... Ordnungsgaranten freilich waren sie, Pauker und Polente, beide. Um jeden Preis dem Staat verbunden. Schule und Polizei, Herrschaftsinstrument und Machtmittel der allgewaltigen Obrigkeit, am Puls des öffentlichen Lebens, erwiesen sie sich keinesfalls als Steigbügelhalter eines demokratischen Entwicklungsprozesses. Ideologisch überhöht, durften Lehrer und Polizist teilhaben an der Autorität und Macht des Staates. Disziplinierung und Ordnung hatten schon immer staatserhaltende Funktion. Was den Lehrern gewiß nicht ohne große Mühe inzwischen gelungen ist – die Polizisten wagen es auch heute noch nicht einmal zu denken: Distanz zur Institution; Verständnis des eigenen Berufs als Sozialaufgabe vom Volke her. Wo aber der Widerspruch zwischen Berufsanforderung und Diensteid ungelöst bleibt, wo der Job als ›Lebensgemeinschaft‹ verstanden wird, haben Befehls- und Gehorsamsbereitschaft unwidersprochen Vorrang, verkümmert das demokratische Bewußtsein – seit jeher eine zarte Pflanze im schattigen Beamtenwald – zu abstrakten Formeln und moralischen Postulaten [12].« (Vgl. die Ausführungen Palms, S. 27)

Und nun Sepp Binders Erfahrungen im Unterricht und mit Unterrichtenden:

»Noch immer lernt der Polizeianwärter im Unterricht den Bürger als eine schematisierte Figur, als den ›Herrn Raffke‹ kennen. Die Frau auf der Straße kann bestenfalls ›Frau Schlampig‹ heißen, und für bestimmte Fälle bietet sich das ›Fräulein Schnell‹ an. Dagegen darf der Polizeibeamte sich selbst als ›Oberwachtmeister Strebsam‹ sehen, der zusammen mit dem Hauptwachtmeister ›Fleißig‹ die Welt in Ordnung hält. Die Welt, die ›heile Welt‹ – so ganz eröffnet sie sich ihm aber erst im Fach Kulturkunde/Berufsethik. Hier erfährt er beispielsweise vom ›Wert der Stille‹ und vom ›einfachen Leben‹ und merkt nicht, daß die krampfhafte Suche nach ›positiven Bildern‹ und ›Idealen‹ ebenso zur faschistischen Ideologie gehört wie die Ablehnung der ›negativen Kritik‹, wie eine Studie der May-Träger-Stiftung überspitzt formuliert. ›Wir müssen erst‹, so meinte der Leiter des Hamburger Ausbildungsamtes auf meine Frage, ›wir müssen erst das hinnehmen, was gegeben ist. Wir können nicht mit dem Zweifel anfangen.‹ Der Zweifel beginnt erst jenseits des ›Hinzunehmenden‹. Kein Wunder: Politische Konfliktmodelle sind nur an den wenigsten Polizeischulen für den Unterricht entwickelt ... Auch die Frage, wie die Polizei eigentlich ausgebildet werden soll, ist viel zu lange nur innerhalb der Polizeikasernen diskutiert worden. Wen kann es wundernehmen, daß dabei dann gesellschaftsferne Antworten herauskommen.

☐ Der Leiter der zentralen Hubschrauberausbildungsstätte vieler Länderpolizeien, dem Bundesinnenministerium zugeordnet, will den Helikopter nicht allein als Führungsmittel, sondern auch als Einsatzmittel für nicht gerade polizeigemäße Aufgaben verstanden wissen. Für den Straßenkampf, meint er, müßte der Tiefflug intensiver geübt werden. Dazu aber ›wird selbstverständlich verbotenerweise wirklichkeitsnah ausgebildet‹, bekennt er freimütig und erläutert: ›Handgranaten lassen sich (aus dem Hubschrauber) leicht abwerfen.‹

- ☐ Ein hoher Polizeioffizier, während des Zweiten Weltkriegs Leiter einer Straßenkampfschule im polnischen Mokotov, faßte in einer unveröffentlichten Studie die Ergebnisse des Warschauer Aufstands zusammen und übertrug sie mit leichter Hand auf die Städte der Bundesrepublik – für die Bekämpfung von ›Störern‹ im Innern.

Nach der Verabschiedung der Notstandsgesetze ist an einigen Polizeischulen die Ausbildung am Maschinengewehr verstärkt worden. Die Polizei arbeitet mit einer überholten Strategie und Taktik. Sie will im Sinne ihrer Ausbildungsvorschriften noch immer den ›Störer überraschen‹, und sie erstrebt die ›Inbesitznahme des Störerzentrums durch besondere Angriffskräfte‹; sie versucht, in ›schneller Bekämpfung kleiner Gruppen‹ immer sich erst einmal eine militärische Distanz durch Räumaktionen zu verschaffen. Solange solches Gedankengut aus wenig demokratischen Vorzeiten richtungweisend für die polizeilichen Führungsgrundsätze bleibt, so lange ist es nicht verwunderlich, daß die jungen Polizeianwärter unfreiwillig als kasernierte Kadertruppe verwendet werden – verwendet, um einen suspekt gewordenen Ordnungsbegriff aufrechtzuerhalten. Die Eskalation gegenseitiger Gewalt auf der Straße konnte daher gar nicht ausbleiben ...[13].«

Der Hinweis auf eine Ausbildung, die abgestimmt ist auf den Großen und den Außergewöhnlichen Sicherheits- und Ordnungsdienst (VfdP 100), verlangt, einen Blick in diese Vorschrift zu werfen, denn sie ist maßgeblich für die knochentrockene und wirklichkeitsfremde Konditionierung unserer Beamten. Dieser ASOD war ab 1. März 1961 die Grundlage der Ausbildung. Sie wurde schon damals als »vorläufig« angesehen, ist aber 1970 noch (mit geringfügigen Varianten) im Band I »Polizeiverwendung«, bearbeitet von Herbert Scheffler, Schutzpolizeidirektor, wiederzufinden. Danach ist z. B. der Entschluß die »Krönung der Lagebeurteilung ... Alles das, was für den ENTSCHLUSS spricht,

ist dabei besonders hervorzuheben; was gegen ihn spricht, ist nur zu streifen[14].«
Diese Vorschriften wurden laut GdP »von den Ministerien gebilligt. Erstellt wurden sie von führenden Offizieren des Bundesgrenzschutzes und leitenden Polizeibeamten, die in der Zeit des NS-Staates entweder Offiziere der Wehrmacht waren oder zumindest eine militärisch orientierte Ausbildung erhalten haben. Liest man Teile dieser Vorschrift und setzt man in Gedanken an die mit ›STÖRER‹ bezeichneten Stellen das Wort ›FEIND‹, dann wirken sie wie aus einem Guß[15].«
Hier einige Beispiele, die zeigen, wie sehr die Vorschrift militärischen Denkweisen entspricht und selbstverständlich militärisches Vorgehen impliziert. Dabei muß man von der wohl als Faustregel zu verstehenden Tatsache ausgehen: »POLIZEI KÄMPFT MIT FRONT ÜBERALL«[16].
Doch um dem Vorwurf zu entgehen, man habe sich hier auf eine »vorläufige Vorschrift«, nämlich ASOD vom 1. März 1961, berufen, soll zunächst die Vorschrift aus dem Jahre 1965 die Begriffe liefern.

Beurteilung der Lage

Ziffer 29: Die Beurteilung der eigenen und benachbarten Kräfte hat sich auf deren Führung, Stärke, Gliederung, räumliche Verhältnisse, Verwendungsbereitschaft, Bewaffnung, Ausrüstung und Versorgung zu erstrecken ...

Befehlsgebung

Ziffer 45: Der Leiter des Einsatzes bedient sich zur Durchführung seines Auftrages eines Führungs- oder Einsatzstabes.

Ziffer 47: Zu den Aufgaben einer Befehlsstelle gehört insbesondere: Meldungen und Nachrichten zu beschaffen, zu sammeln und auszuwerten, nach den Weisungen des Einsatzleiters Befehle auszuarbeiten und weiterzuleiten, Befehls- und

Meldeübermittlungen zu regeln, Verbindungen zu vorgesetzten Dienststellen, anderen Behörden, den unterstellten und benachbarten Kräften zu halten, Lagekarten und Übersichten zu führen, Versorgungsmaßnahmen vorzubereiten und durchzuführen, die Strafverfolgung sicherzustellen.

Einsatzkräfte

Ziffer 51: Für besondere Aufgaben sind Einsatztrupps (Erkundungstrupps, Räumtrupps, Durchsuchungstrupps, Festnahmetrupps) zu bilden ...

Einsatzmittel

Ziffer 62: ... Einsatzmittel sind insbesondere Ton- und Bildgerät, Beleuchtungsgerät, Absperr- und Hindernisgerät, Land- und Luftfahrzeuge, Wasserwerfer, Wasserarmaturen, Diensthunde und Dienstpferde, Waffen, Hieb- und Schußwaffen, Reizstoffe, Explosivmittel.

Marsch

Ziffer 104: Bei Nachtmärschen ist vermehrter Einsatz von Kräften zur Aufspürung, Erkundung, Sicherung, Verbindung und Verkehrsregelung erforderlich ...

Ziffer 117: Die Tagesmarschleistung kann bis zu 400 Kilometer betragen; bei doppelter Fahrerbesetzung kann sie entsprechend höher liegen.

Ziffer 121: Ist Eile geboten, so können Kräfte zu einer Vorauseinheit zusammengefaßt und mit selbständigem Auftrag und großem zeitlichen Vorsprung vorausgeschickt werden.

Ziffer 126: Beim Marsch durch geschlossene Ortschaften sind die vermehrten Einwirkungsmöglichkeiten des Störers zu berücksichtigen. Ihnen ist durch beschleunigten Durchmarsch oder durch Marsch zu begegnen.

Übergang zum Einsatz

Ziffer 149: Bei der Entfaltung und der Entwicklung sind die Kräfte nach Breite und Tiefe zu gliedern... Spätestens unmittelbar vor dem Zusammentreffen mit dem Störer sind die Kräfte zu entwickeln.

Veranstaltungen

Ziffer 184: ... Es kann sich empfehlen, die rückwärtigen Gruppen der Veranstaltungsteilnehmer zuerst abzukämmen. Der geräumte Raum ist freizuhalten. Es ist anzustreben, daß die Flügel der Kräfte angelehnt sind.

Streifkommando

Ziffer 258: Streifkommandos sind zur Durchführung selbständiger und im allgemeinen andauernder Aufgaben einzusetzen. Sie haben den Einsatzraum zu überwachen, aufzuklären, und unterlegene Störergruppen sind bis zum Eintreffen von Verstärkungen zu binden...

Angriff

Ziffer 280: Dem Angriff hat in der Regel eine Versammlung und Bereitstellung der Kräfte vorauszugehen. Die Bereitstellung soll eine günstige Ausgangsbasis für den Angriff sowie Deckung gegen Sicht und Störereinwirkung bieten. Zum Beziehen des Bereitstellungsraumes sind Dunkelheit oder unsichtiges Wetter auszunutzen...

Verfolgung

Ziffer 290: Weicht der Störer den polizeilichen Maßnahmen aus, so ist in der Regel zur Verfolgung überzugehen. Hierbei ist der Störer zu überholen und zu umfassen; sein Entweichen ist zu verhindern.

Abwehr

Ziffer 303: Abwehrräume sind so groß zu bemessen, daß eine bewegliche Abwehr möglich ist. Durch örtliche Vorstöße sollen Angriffsvorbereitungen des Störers gehemmt oder verhindert werden.

Ziffer 305: Bei allen Abwehrmaßnahmen darf die Freiheit des eigenen Handelns nicht verlorengehen und die Berührung mit dem Störer nicht abreißen.

Befriedung

Ziffer 309: Im gesamten Befriedungsgebiet ist ständig intensive Aufklärung zu betreiben ...

Ziffer 311: Bis zum Abschluß der Befriedung sind ständig starke bewegliche Reserven bereitzuhalten, um erneut eintretende Störungen unverzüglich beseitigen zu können.

Was über die Bedeutung dieser Ausbildung und ihrer polizeilichen Relevanz zu sagen war, ist gesagt worden. Doch darf nicht übersehen werden, daß als eine wesentliche Komponente dieses Durchhalte- oder Grabendenkens sich zugleich eine Sprache einschleicht, die sich im Unterbewußtsein derer, die sich ihrer bedienen, als irreparables Verhaltensmuster einnistet. Es ist die Sprache des Militärs, sie ist auf frontale Begegnungen abgestimmt, und es ist die Sprache, die in fataler Weise an die Polizeiaktionen erinnert, die in den verschiedenen »Einsatzräumen« des Zweiten Weltkriegs zu jenen »Befriedungen« führte, die mit Massenmord identisch waren. Die anonymen Verfasser des ASOD-Entwurfs von 1961 geben selbst zu, daß »das Vorherrschen militärischer Auffassungen die Entwicklung einer eigenen Polizeitaktik und damit die Erarbeitung einheitlicher Ausbildungs- und Führungsvorschriften gehemmt« hat.

Aber schon hier muß deutlich gesagt werden, daß sie nicht gehemmt hat, sondern, wie die Erfahrung lehrte, die »Erarbeitung« total blockierte. Die Verfasser sagen zwar:

»... So war es nach 1933 möglich, die Polizei größtenteils ohne wesentliche Schwierigkeiten nach militärischen Gesichtspunkten auszurichten. Die PDV 41 ›Vorschrift für die Führung und Verwendung der Polizeitruppen‹ ließ die bisherige Entwicklung der polizeilichen Taktik zum großen Teil außer Betracht. Sie stützte sich vornehmlich auf die ›Truppenführung‹ ... Diese für eine militärische Truppe geltenden Grundsätze lebten auch nach 1945 in der Erinnerung der Angehörigen der Kriegsjahrgänge zum Teil weiter.«

Daß sie eben mehr als nur »in der Erinnerung« weiterleben, beweist der Sprachgebrauch. Und »Erinnerung« ist hier nichts anderes als glitzernder Euphemismus; was folgendes Beispiel belegt:

»Die alten Begriffe ›Jagdkommando‹ oder ›Verfolgungskommando‹ sind zu zweideutig, um sie bestehen zu lassen. Der neue Begriff ›Streifkommando‹ ist polizeilich zutreffender.«

Was aber tut das »Streifkommando«?

»Die Durchführung des Einsatzes der Streifkommandos richtet sich nach den Kampfmethoden und dem Verhalten des Störers. Streifkommandos haben unauffällig und selbständig zu arbeiten. Ihre Bewegungen sollen unbemerkt ausgeführt werden. Sie klären abschnittweise in ihren Einsatzräumen auf. Der Störer soll aufgespürt, getäuscht, überlistet, in seinen Bewegungen verfolgt werden. Seine Kräfte sollen zersplittern und seine Verbindungen zerstört werden. Die Streifkommandos bleiben so lange am Störer, bis die Festnahme durch überraschenden Zugriff erfolgen kann. Hierbei ist der ursprünglich zugewiesene Einsatzraum nicht bindend. Das Einnehmen von Lauerstellungen kann zweckmäßig sein.«

Das Kapitel »Streifkommando« dieser »vorläufigen Vorschrift« also kann nicht die Gewißheit festigen, daß durch die Änderung des Begriffs »Jagdkommando« Haltung und Handlung der Beamten relevant verändert worden sind. Vielmehr scheint im Sinne der Ausführungsbestimmungen »Jagdkommando« den Tatbestand besser und vor allem ehrlicher zu definieren als das von der Handlung ablenkende »Streifkommando«.

Wenn also der demokratisch erzogene und denkende Bürger solche Vorschrift auf ihren Aktionsgehalt abklopft, vermag er im Polizisten nicht den Beamten, sondern den als Beamten getarnten Soldaten zu sehen. Er wird sich in der Konsequenz auch zu weigern haben, dort seine Unterstützung zu geben, wo »Einsatzräume Kräfte zersplittern«. Er wird genau das tun, was er bisher schon unbewußt oder bewußt getan hat: Er geht vor der Polizei »in Deckung«, um dem »überraschenden Zugriff« zu entgehen.

Selbstverständlich lassen sich in der zitierten Vorschrift weitere Begriffe dieser Art zur Genüge zitieren.

Die »einschließende Abriegelung«, die »Einkreisung des Störers«, die »einheitliche Führung der Abriegelungskräfte«, die »vorgeschobenen Beobachtungs- und Horchposten«, das »ausreichende Vorfeld«, der »Angriff durch Stoßkeile«, der »Kesselangriff« und wie immer die Begriffe auch lauten, legen den Schluß nahe, daß die Polizei ihrem Wesen und ihrer Ausbildung nach geeignet ist, eher die Schlacht am Donbogen zu führen, als einsam stehende Gehöfte vor Hühner- und anderen Dieben zu schützen oder im Notfall ein »Bandennest« auszuräumen.

»Konzentrisches Vorgehen übt starke moralische Wirkung auf den Störer aus. Bleibt der Kesselangriff liegen, so gehen die Angriffskräfte zur einschließenden Abriegelung über. Der Angriff ist dann durch Stoßkeile vorzutragen. Die Stoßkeile sollen den Kessel in mehrere Teilkessel zerlegen und diese ausräumen«, und das im Jahre 1961.

Wem bisher nicht dämmerte, wo die Ursachen für das Versagen unserer Polizei angesichts der »Demonstrationskörper« der Studenten zu suchen sind, der finde die Ursache in den gelehrten »Frontalangriffen«, den »Umfassungsangriffen«, dem »Handstreich« und schließlich in der »Befriedung« durch den »Außergewöhnliche(n) Sicherheits- und Ordnungsdienst«, dem ASOD des Jahres 1961.

Natürlich finden sich in dieser Fassung, aus der auch nicht hervorgeht, wer die Bearbeitung vorgenommen hat, wie und wo sie gedruckt wurde – alle für ein Impressum notwendigen, vom Gesetzgeber auferlegten Pflichten sind nicht erfüllt –, zahlreiche Beispiele für das Vokabular und das Material, das nötig ist, um Beamte zu Herren der Lage zu machen. So »Explosivmittel«, »Reizstoffe«, »Hieb- und Stichwaffen« auf S. 25. Es gibt »Greiftrupps« (S. 21), »Märsche im Winter« (S. 35), es gibt die »Sicherung nach rückwärts« (S. 40), die »Befehls- und Meldeübermittlung«. Es gibt die »Kräfteberechnung« (S. 67), es gibt die »Abriegelung« (S. 84), den »Angriff aus der Bewegung« (S. 87), es gibt »vorgeschobene Sicherungen« (S. 93), und es heißt: »Die Kräfte sind überschlagend zurückzunehmen« (S. 94). Richtig: »Die Befehlssprache muß einfach und verständlich sein und jeden Zweifel ausschließen.« Doch gezweifelt wird angesichts dieser Sprache nicht an der Verständlichkeit, sondern an der Notwendigkeit einer solchen Sprache für Beamte, die ihren Eid auf die Verfassung unserer Demokratie abgelegt haben.

Zugegeben, es ist schwer, militärisches Vokabular zu eliminieren, wo militärisches Handeln und Denken praktiziert wird. Die Suche nach neuen Formulierungen, neuen Wörtern und Begriffen für gleichbleibende Handlungen wäre nichts weiter als eine Augenauswischerei gegenüber den Bürgern und gegenüber den Beamten, deren Wunsch nach Bürgernähe unbestreitbar ist. So bietet sich als einzige Möglichkeit die Entlassung des Beamten aus diesem Pflichten- und Teufelskreis an. Mit anderen Worten: Die Polizei hat sich dem militanten Clinch zu entwinden. Sie ist Dienstleistungsbetrieb mit präzise formulierten Rechts- und Verfassungsaufträgen und nicht Stabsquartier für Staatsanwälte, Landräte, Oberbürgermeister oder Innenminister. Bezweifelt wird auch nicht, daß alle diese Vokabeln ihren besonderen Stellenwert haben. Im Dienstgebrauch unserer heutigen Polizei wie im »Wörterbuch des Unmenschen«. Nun könnte man diesen Beanstandungen entgegenhalten, es handele sich hier um eine unangemessene Beckmesserei, zumal kein Polizeibeamter sich dieses Vokabulars im Umgang mit der Zivilbevölkerung bediene. Es handele sich außerdem um innerdienstliche Anweisungen, nicht für den »Normalverbrauch« und also nicht für »Normalverbraucher« konzipiert. Aber dieses Argument hält keiner kritischen Prüfung stand.

Denn Siegfried Schubenz, Diplompsychologe der Freien Universität Berlin, hat die Leiter der Bereitschaftspolizeien der Länder auf diesen Umstand deutlich hingewiesen, als er sagte: »Ich habe im Laufe meiner Tätigkeit bei der Berliner Polizei den Eindruck gewonnen, daß die gegenwärtige Konzeption der Bereitschaftspolizei, aber auch der sogenannten Einsatzkommandos für die einzelnen Polizeibeamten das zukünftige Verhalten prägende Eingangsbedingungen schafft, die die Erfüllung des polizeilichen Auftrags in seinem Kern gefährden. Sie lernen hier soziale Organisationsformen und eine Spezialsprache, die in der übrigen Gesellschaft nicht wiederzufinden sind. Lange Zeit treten diese jüngeren Polizeibeamten auch in Gruppenformationen Mitbürgern gegenüber. Aus diesen Eingangserfahrungen des Polizeibeamten resultiert ein Verhalten, das ihn auch später im Revierdienst noch kennzeichnet: Er tritt regelmäßig als Mitglied einer Organisation an den Mitbürger heran. Die Fremdheit dieses Organisationscharakters, den der Mitbürger am Polizeibeamten erlebt, läßt in diesem Widerstände wach werden. Die Ungeübtheit und seltsame Starrheit des Gesprächsverhaltens des Polizeibeamten, seine auffällig geringe Bereitschaft zu einem ungezielten Gespräch und seine vorsichtige Einsilbigkeit, die daher kommt, daß er jede ihn selbst möglicherweise belastende Aussage vermeiden will, machen ihn außerordentlich uneffektiv in der Erfüllung des polizeilichen Grundauftrags: einzelnen Menschen bei der Bewältigung ihrer nicht privaten Probleme zu helfen ... [17].« In diesem Zusammenhang sind die »Grundregeln für das Verhalten von Polizeibeamten bei der Feststellung und Verfolgung von Verkehrsdelikten«, vermutlich herausgegeben von der Stadt München, aber ohne Impressum, eine aufschlußreiche Lektüre. Zweifellos hat man den Polizeibeamten dieses Büchlein in bester Absicht und als Handreichung mit auf den Weg gegeben, aber man hat es auch darin unterlassen, Kontaktsperren aus dem Weg zu räumen. Denn der Charakter der frontalen Begegnung läßt sich schon aus der Kapitelüberschrift »Der Kontakt zwischen Verkehrssündern und Polizeibeamten« herauslesen.

Es hat sich nämlich der Begriff »Sünder« in Verbindung mit dem Straßenverkehr und damit im Sprachgebrauch der Polizei so selbständig gemacht, daß es geboten erscheint, ihn radikal zu streichen. Nicht nur, weil diese »Sünder« im Haushalt der Länder und Gemeinden schon im Vorgriff auf den Jahresetat verplant werden (ihr »Bußgeld« ist eine erkleckliche Summe, mit der gerechnet wird und die, verhielten sich die »Sünder« »bußfertig«, also absolut korrekt im Straßenverkehr, ein beachtliches Defizit im Etat hinterließen), sondern weil der Begriff »Sünde« nichts mit rechtsstaatlichen Kategorien zu tun hat noch mit der Beurteilung durch einen Polizeibeamten etwas zu tun haben darf. Sünde gehört in die Bibel und nicht in die Straßenverkehrsordnung.
Dieser Hinweis auf die moralische Verlogenheit scheint (vgl. Stefan Zweig, S. 19) wichtig, nicht zuletzt wegen der Reinheit des Wortes Sünde, und es ist verwunderlich, daß amtliche Polizeipfarrer dagegen noch nicht Einspruch erhoben haben. Denn dieses Volk – so es Auto fährt – ist ein Volk von »Verkehrssündern«, auch wenn die Flensburger Verkehrssünder-Kartei sie noch nicht alle »erfaßt« hat.
Die Begegnung des »Sünders« mit dem natürlich sündenfreien Polizeibeamten löst gerade diese so peinliche sakrale Pantomime aus, die nach so strengem Reglement abläuft, und in dem der demütig Wartende seine Papiere überreicht und der Mächtige wortlos seine Notizen macht. Dabei geht der Polizist von Ziffer 8 des Handbüchleins aus, das ihm einerseits sagt: »Viele Leute werden ganz kopfscheu, wenn sie es mit der Polizei zu tun kriegen« (was sonst gerne von der Polizei bestritten wird), und ihm andererseits sein Verhalten reglementiert, nämlich: »Wortwechsel zu vermeiden und die Unterhaltung auf das Nötigste zu beschränken«. Es soll in der Diskussion nicht um Sieg, sondern um Klärung gehen.
Eben diese Beschränkung auf das Nötigste unterbindet den Dialog mit dem Polizeibeamten. Sie engt seine soziale Hilfsfunktion so stark ein, daß die Forderung, sich auf das Nötigste zu beschränken (wer bestimmt, was das Nötigste ist?), wiederum eine einseitige Aktion vorwegnimmt (nach der

eben) der bestimmt, der die Macht hat. Ähnliches dürfte sich bei Verhören abspielen. Hierzu sei ein hoher Polizeibeamter zitiert:

»... mit welcher Grundvorstellung gehen wir an eine Beschuldigtenvernehmung? Im Grunde genommen mit mittelalterlichem Verständnis. Wir verstehen uns leicht als Inquisition, die dem Beschuldigten Gelegenheit geben soll, reumütig ein Geständnis abzulegen ... [18].« Gangster und solche, die man dafür hält, werden im eingeschliffenen Revierdeutsch für den Staatsanwalt »reif gemacht«, und wenn sie nicht wollen, eben »ausgequetscht«. Die Mittel sind unterschiedlich und gewiß international, von ausgesprochenen Diktaturen abgesehen. Hier dürften die gleichen Vokabeln zu einer anderen »Handhabung« führen, was nur bestätigt, daß die Begriffe einerseits Werkzeuge, andererseits Verschleierungsmittel sind.

Wie sehr also Schulung und Verhalten einander bedingen (was mit der Formulierung »in Fleisch und Blut übergehen« auch hinreichend belegt sein dürfte), sagt der Psychologe Helmut Kentler aus seiner Berliner Erfahrung:

»... mir scheint, daß zahlreiche Polizeibeamte zwischen Studenten der Freien Universität (FU) und östlichen Agenten und Provokateuren, gegen die sie ausgebildet sind, nicht mehr zu unterscheiden vermochten, und so konnte es geschehen, daß sich gegen die Studenten eine Wut entlud, die beim Dienst an der Mauer lange aufgespeichert worden ist. Wir kennen diesen Mechanismus aus der Forschung der Sozialpsychologie: Wenn ein äußerer Feind fehlt, neigt eine auf Gemeinschaft gedrillte Gruppe dazu, sich in ihren eigenen Reihen schwarze Schafe herzurichten, gegen die sich die überschüssigen Aggressionen richten können ... [19].«

Alles in allem kann man sich Karl Steinbuch anschließen und feststellen, daß »die Sprache und viele andere gesellschaftliche Instrumente offensichtlich nicht zeitgemäß sind und hinter der geschichtlichen Entwicklung ...« herhinken [20]. Zwar bezieht sich Steinbuch nicht speziell auf die Polizei, aber es gilt auch für sie. Nicht von ungefähr wird immer wieder der Vorwurf erhoben, daß sich die Polizei zu starr an den Buchstaben und so gut wie überhaupt nicht an den Geist des Gesetzes hielte. Ein Vorwurf, der sich in der gelegentlichen Bemerkung niederschlägt, daß es der Polizei weniger um Recht und mehr um Rechthaberei gehe. Die aus dem Munde von Polizisten oft zu hörenden Leerformeln »Ich habe meine Bestimmungen«, »Ich handele nur nach meinen Vorschriften« oder »Das geht mich nichts an« entsprechen dem erhobenen Vorwurf. Denn mit diesen Bemerkungen ist jeder Kontakt zu exakt jenem Punkt geführt, der dem »polizeilichen Gegenüber« die Ohnmachtserfahrung offenbar werden und ihn sich der Macht beugen läßt. Der Rest ist Schweigen. Die Polizei ist noch nicht Haus, sondern immer noch Zaun.

Das wird so bleiben, solange die Polizei auch sprachlich den Menschen einengt, ihn institutionalisiert und nicht bereit ist, ihre Institution zu vermenschlichen. Von einer sozialen Interaktion, wie sie zu fordern ist, weil durch sie gerade eine effektive Verbrechensbekämpfung erreicht werden kann, denn nur Menschen mit Sympathie füreinander helfen einander, kann auf weiten Strecken nicht die Rede sein. Noch immer wird zweckorientiertes Denken und Handeln der Polizisten auch da als Elle angelegt, wo längst die Zeit und ihre Entwicklung polizeilichem Denken davongelaufen sind. Wie erschreckend rückwärts gewandt polizeiliches Denken sein kann, zeigen die schon erwähnten »Grundregeln für das Verhalten von Polizeibeamten bei der Feststellung und Verfolgung von Verkehrsdelikten«, in denen § 1 mit dem Satz beginnt: »Verkehrssünder sind keine Verbrecher ...«

Es würde zu weit führen, in diesem Zusammenhang ausführlich auf die Erkenntnisse der Semantik einzugehen, aber es könnte jetzt Aufgabe der Saarbrückener Universität werden, die das Berufsbild der Polizei erarbeitet und die u. a. auch solche Gesichtspunkte mit berücksichtigen sollte. Daß die Semantik in deutschen Hochschulen noch nicht Einlaß gefunden hat, ist um so bedauerlicher, weil gerade sie im Zusammenhang mit sozialpsychologischen und soziologischen Erkenntnissen den Schlüssel für die Wechselbeziehung zwischen Verhalten und Sprache liefert. Schon vor 2000 Jahren sagte Konfutse: »... wenn die Begriffe nicht richtig sind, so stimmen die Worte nicht; stimmen die Worte nicht, so ist das, was gesagt wird, nicht das, was gemeint ist, so kommen die Werke nicht zustande; kommen die Werke nicht zustande, so gedeiht die Moral und die Kunst nicht, so trifft das Recht nicht; trifft das Recht nicht, so weiß das Volk nicht, wohin Hand und Fuß setzen. Also dulde man nicht, daß in den Worten irgend etwas in Unordnung ist. Das ist es, worauf es ankommt.«

Auf die Polizei angewendet, muß angesichts der zitierten Beispiele deutlich werden, wie gerade in ihrer Praxis Worte zu bloßen Parolen degradiert worden sind. Sprache wird hier häufig »Laut ohne Inhalt, sie wird Zeichen, daß etwas geschieht, sie kommandiert bloß noch ...: Es ist der Pfiff, das Schreikommando, das hier wirkt. Es wird Wirklichkeit kommandiert, nicht mehr schöpferisch erzeugt ... (siehe ASOD, d. Verf.). Dieser Pfiff, diese Parole sind nur Zeichen, daß die Staatsmaschinerie läuft, wie der Pfiff der Lokomotive ein Zeichen ist, daß die Maschine da ist und läuft ... und der Mensch schaudert darüber, daß er am Rande des Wortes steht, dort, wo das Wort aufhört, hört der Mensch selber auf, er wurde ja erst Mensch durch das Wort ...[21]« – und man muß hinzufügen: auch Un-Mensch.

Das, was für die Militärs wegen eines kollektiven Feindbildes von geradezu zwingender Notwendigkeit ist und militärisches Verhalten überhaupt erst auslöst, die Reaktion also auf den Befehl und alle sich aus ihm ergebenden Konsequenzen, kann für unsere Polizei in keiner Weise verbindlich sein. Die Verschmelzung mit dem Bundesgrenzschutz ist schon darum abzulehnen. Die Polizei übernimmt nämlich durch die militärischen Formeln zugleich ein Verhalten, das den sozialen Wirklichkeiten zuwiderläuft. Terror- und Gangstergruppen können und dürfen nicht mit militärischen Mitteln bekämpft werden, und die Diktaturen, in denen z. B. Tupamaros (Stadtguerillas) trotz schärfsten Polizeimethoden möglich sind, beweisen täglich die mangelnde Effizienz der militanten Polizei. Sie ist ja gerade darum nicht »bürgernah«, weil sich die Bürger vor den Polizisten in gleicher Weise verkriechen wie vor Gangstern und Tupamaros.

In einem Gespräch mit dem belgischen Publizisten Jean Améry erwähnte ich einige der geläufigen Polizeitermini und fragte ihn, was er von ihnen halte? Améry, durch Emigration und Konzentrationslagererfahrung zugleich auch erfahren im Umgang mit der Polizei – gleich welcher Spezifikation –, gestand zunächst ein, daß er eine ausgesprochene »Polizeiphobie« habe, also eine tiefverwurzelte Polizeiangst. Doch diese völlig außer acht lassend, müsse er hinsichtlich der Sprache folgendes sagen:

»Die Sprache ist eine außerordentlich gefährliche Sache, denn eine gewisse Sprache kann sich als Struktur in eine gesellschaftliche Landschaft hinein fortsetzen, zu der sie gar nicht mehr gehört. Das ist zum Beispiel der Fall im ›polizeilichen Gegenüber‹, denn es setzt sich da die Sprache des Obrigkeitsstaates durch.

Nun bleibt es aber nicht dabei, denn wer eine bestimmte Sprache annimmt, der nimmt auch ein bestimmtes Normensystem an, denn durch die Sprache wird ja ein Normensystem vermittelt, und dieses Normensystem schlägt wieder zurück auf die Persönlichkeit des jeweils Ausübenden und programmiert ihn zu einer ganz bestimmten Verhaltensweise. Und wenn in der Tat jemand so geschult wird, daß er den Menschen als ›polizeiliches Gegenüber‹ betrachtet, wobei in dem Gegenüber schon ein ›Gegen‹ steht, der Polizist dann also der quasi Gegenmensch des Menschen ist, dann wächst er in diese Sprache hinein, und diese wächst in ihn hinein und bedingt sein Verhalten. Es scheint also wichtig zu sein, diese Sprachstrukturen aufzubrechen, denn damit bricht man Normensysteme auf.«

Angesprochen auf die Behauptung »Die Polizei kämpft mit Front überall« (vgl. S. 44), sagte Améry:

»Das ist eine absurde Idee, denn ein Staatsbürger ist nicht unbedingt ein Gesetzesübertreter, also kämpft die Polizei nicht mit Front überall, aber es gibt nun mit mehr oder weniger starken Akzenten gewisse Polizeien, und ich habe sie kennengelernt, die als ausgesprochene Bürgerkriegsgarden geschult werden. Dabei denke ich an die französische CRS (kasernierte Bereitschaftspolizei Frankreichs), und von der möchte ich sagen, daß sie ein ausgesprochen lebensgefährlicher Verband ist.«

Von der Überlegung ausgehend, daß Wörter nicht nur einen Zustand oder eine Sache beschreiben, sondern auch Erinnerungen auslösen, fragte ich Améry, was er empfinde, wenn er das Wort »Befriedung« höre. Améry machte eine längere Pause und sagte:

»Ich denke an die Niederschlagung von sogenannten subversiven Elementen, ich denke auch an Ausrottung. In Vietnam z. B. läuft Vietnamisierung oder Befriedung auf Ausrottung hinaus, aber an Frieden, der in diesem Wort steckt, denke ich nach den gemachten Erfahrungen von damals und heute nicht.«

Ich zitierte die Tatsache, daß bei Demonstrationen in Berlin die Polizei vom »Demonstrationskörper« gesprochen hat, den sie auf soundso viel Meter schätzte. Améry meinte: »Das ist eine ausgesprochen inhumane Formulierung. Wenn sich die Polizei dieser Sprache bedient, dann ist sie Teil einer bestimmten Gesellschaft, die in einem bestimmten Segment opressiven Charakter hat, und als solche ist die Polizei ein in sie zu integrierender Bestandteil. Sie ist dann das Gegenteil einer humanen Gesellschaft. Kommunikation ist also nicht mehr denkbar, und offensichtlich wird die Polizei nicht auf Kommunikation hin geschult.«

Ich verwies Améry auf einen Satz, den ich in seinem Buch »Widersprüche« [22] las: »Die kritische Aufklärung steht gesellschaftlich an einem Punkt, wo sie sich sozial nur bewähren kann, wenn sie sich sprachlich radikal entschlackt«, und fragte ihn, ob dieser Satz auch unter den vorausgegangenen Überlegungen Gültigkeit habe? Er sagte:

»Ich weiß sehr wenig vom inneren Aufbau der Polizei, ich kenne nur ihr Verhalten, besser in Frankreich als in der Bundesrepublik, aber gerade was die sprachlichen Formeln angeht, gerade in dieser Hinsicht müßte sie vollkommen umgeschult werden.«

Daß die Polizeischulen diese Zusammenhänge bis heute noch nicht erkannt oder, wenn erkannt, noch nicht genügend würdigen konnten, liegt am Auftrag der Polizeischulen, ihren nicht genügend vorgebildeten Lehrern und selbstverständlich an der Tatsache, daß sich interdisziplinäre Zusammenarbeit auch da noch als so problematisch erweist, wo man längst erkannt hat, wie kompliziert eine moderne Gesellschaft ohne autoritäre Führergestalten zu überschauen und zu behandeln ist. Die rückwärts gewandte Rechtfertigungsmanie, mit der das »Bewährte« in die jeweils gewünschte, weil vor allem bequemere Lage transponiert wird, ist bis heute das uneingestandene Leitbild unserer Polizei. Dieses Leitbild, oft noch basierend auf animalistischen und infantilen Wertsystemen, findet ihren deutlichsten Ausdruck in der Polizeisprache und legt – ihrer Eigengesetzlichkeit folgend – den Apparat an die Kette und den Glauben an die eigene soziale Rolle lahm.

Der Vater der Allgemeinen Semantik, Alfred Korzybsky (1879 bis 1950), hatte wie Siegmund Freud schon sehr früh darauf hingewiesen, welche gewaltige Macht die Struktur einer Sprache hat und »... es ist nicht übertrieben zu sagen, daß sie uns durch den Mechanismus semantischer Reaktionen versklavt und daß die Struktur, die eine Sprache aufweist und uns unbewußt einprägt, auf unsere Umwelt automatisch projiziert wird« [23]. Schon Francis Bacon (1561–1626) hat für sprachlich bedingte Mißverständnisse, für sprachlichen Mißbrauch und die sich aus ihnen ergebenden Trugschlüsse den Begriff »Idole des Marktplatzes« geprägt. Er fände sie heute, so der amerikanische Professor für Soziologie und Philosophie, John Somerville, in seinem aufschlußreichen Kapitel »Die Sprache des kalten Krieges« [24] in eben dieser Sprache wieder. Nämlich da, wo

»1. dasselbe Wort beiden Seiten gehört und von ihnen gebraucht wird, jedoch mit verschiedener Bedeutung auf jeder Seite;
2. Fälle, in denen beide Seiten gleicherweise dieselbe Vorstellung für richtig halten, sie jedoch in zwei Arten von Wörtern zum Ausdruck bringen, in sauberen Wörtern für die eigene Sache, in schmutzigen Wörtern für die andere;
3. in Fällen, in denen ein bestimmtes Wort hauptsächlich von einer Seite gebraucht, von der anderen Seite jedoch mißverstanden wird« [25].

Die Begriffe Demokratie (1.), Revolution (2.) und Klassenkampf (3.), analysiert man sie vom Standpunkt der jeweiligen Seite, sind für Somerville die klassischen Begriffe, und die Polizei wird wissen, wie vergleichbare Begriffe ihres Denksystems unter diesem Aspekt zu bewerten sind.
Es muß also für sie von genuinem Interesse sein, zukünftigen Nachwuchs von einer Ausbildung und Ausbildungssprache, die den Kategorien des Krieges oder des Bürgerkrieges entsprechen, freizuhalten, also zu verhindern, »daß man die Sprache für sich denken läßt« [26].
Günter Schwarz, Verleger und Übersetzer der bedeutendsten semantischen Schriften der USA und in Deutschland, der wohl verdienstvollste Mann auf dem Gebiet der Verbreitung semantischer Lehren, zitiert einen Ordinarius an einer deutschen Universität:
»Internationale Spannungen und Mißverständnisse werden uns durch Zeitungen und Radio in konzentrierter Form nahegebracht. Wir wissen, daß diese Spannungen und Mißverständnisse unsere Existenz unmittelbar bedrohen. Durch die Möglichkeiten des Verkehrs und die fluktuationsfreundliche Struktur unserer Gesellschaft wird uns die Bekanntschaft mit ganz andersartigen Lebensformen vermittelt, die als auffälligstes Kennzeichen immer durch eine fremde Sprache definiert sind. Und last, not least: Die ideologischen Auseinandersetzungen, deren Lärm uns umtönt, lassen uns die Relativität der Worte ›christlich und demokratisch‹, ›Freiheit‹ und ›Sozialismus‹ bitter empfinden ... [27].«
Zieht man also eine Summe, so muß die folgende Überlegung zugleich auch oder gerade für die Polizei verbindlich sein: »... das Verhalten von Menschen soll nicht von ›semantischen‹ oder ›Signal-Reaktionen‹ gesteuert werden; das sind Reaktionen, die vom Wortlaut des Gehörten oder Gedachten ausgelöst werden, Reaktionen, welche schon präfabriziert und damit präjudiziert bereitstehen. Es darf für Auswahl und Gestaltung nicht genügen, den Stimulus grob zu identifizieren (z. B. als ›Polizei‹) und dann *die* Reaktion (auf ›Polizei‹ schlechthin) ablaufen zu lassen. Es geht vielmehr darum, das Verhalten so zu steuern, daß Pausen möglich sind zwischen

dem verbalen Stimulus und der Reaktion, Pausen, in denen man das Symbol als Symbol erkennen, von ihm aus zum Symbolisierten weitergehen und dieses in seiner Differenziertheit (welche im Symbol immer vergröbert ist) erfassen kann. Die verzögerte Symbolreaktion wird sich dann nicht am Wort, sondern an der Realität orientieren.

Die These vom linguistischen Determinismus läßt uns erkennen: Sprache ist nicht nur ein uns verfügbares Werkzeug, sondern sie verfügt auch über uns. Die gleiche Sprache, welche unserem Dasein eine Dimension der Freiheit hinzufügt, erscheint uns jetzt... als Macht und Übermacht. An manchem, was wir stolz zu dem uns ›eigentlich‹ Möglichen zählen, führen ihre Geleise vorbei. Weil wir Sprache haben, denken viele Generationen an unseren Gedanken mit. Indem wir sprechen, erziehen wir unsere noch nicht geborenen Enkel [28].«

Wenn sich die Polizei zu einer sozialen Agentur hin entwikkeln will – und in der Tat ist sie es schon auf einem großen Betätigungsfeld der Sicherheit –, dann muß sie wegen dieser Agenturfunktion ihre Sprache sozialen Gegebenheiten anpassen. Das Kombattantendeutsch und die Artikulation in juristisch nicht faßbaren Termini hat sich längst im Unterbewußtsein so eingeprägt, daß die Polizei es auf ihre Umwelt automatisch projiziert und damit oft den Zustand der Sprachlosigkeit auslöst. Die Polizei muß dieser Gewißheit Rechnung tragen, weil die Sicherheit, die von ihr auszugehen hat, zukünftig nicht mehr statisch zu handhaben ist, also nicht Sicherheit im Festungsdenken, sondern dynamisch aufgefaßt und praktiziert werden muß. Das heißt: die Polizei muß mehr denn je aus Sachkenntnis, aus Erfahrungsverarbeitung (und wo liegen sonst so unendlich viele Erfahrungen wie im Bereich der Polizei?) und aus einer sozialen Anpassungsfähigkeit heraus »sichern«. Dazu gehört vor dem Schießeisen das Gehirn. Sie muß das »Gehäuse«, das Max Weber einmal die Zentrifuge genannt hat, verlassen, denn in ihr hat sie ja ihre Identität verloren, was sie nun veranlaßt, ein Berufsbild zu suchen. Daß der jahrhundertealte Prozeß der »hergestellten Dummheit« (Alexander Mitscherlich) nicht allein von der

Polizei verwandelt werden kann, sondern daß dies im Kontext mit anderen gesellschaftlichen Prozessen zu geschehen hat, ist von den progressiven Polizeiführern, heißen sie Kuhlmann, Krüger, Kruschka, Schreiber, Vorbeck, Boge, Mikuteit, Hunold, Ruhnau oder Littmann, um nur einige zu nennen, immer wieder betont und gefordert worden.
Daß diese »hergestellte Dummheit« bereits ihren Abschluß in den der Polizeischule vorgeschalteten Volks-, Mittel- und Oberschulen findet, hat Professor Dr. Reinhard Tausch vor Jahren schon anhand seiner Untersuchung »Die sozialpsychologischen Vorgänge in der Schule« nachgewiesen. Diese Untersuchung kommt u. a. zu dem Ergebnis, daß die strikte Dominanz von Lehrern sich gerade in der Sprachkommunikation ausdrückt. Tausch sagt: »Im sogenannten Frontalunterricht, der fast überwiegend (95 Prozent) in der Schule verwirklicht wird und bei dem Lehrer die Schüler auch äußerlich sichtbar führen, erfolgen gemäß einigen Untersuchungen pro Unterrichtsstunde im Durchschnitt mindestens 55 Fragen des Lehrers an die Schüler sowie durchschnittlich etwa 50 Befehle und Aufforderungen an Schüler, etwas Bestimmtes zu tun... Strikte Führung und Dominanz von Lehrern drückt sich auch in der Sprachkommunikation aus: Lehrer sprechen nach den vorliegenden Untersuchungen im allgemeinen etwa 80 Prozent der in Unterrichtsstunden gesprochenen Wörter, alle Schüler zusammen dagegen nur 20 Prozent. Dem einzelnen Schüler verbleibt im allgemeinen also nur ein Vierzigstel bis ein Hundertstel des Ausmaßes an Sprachkommunikation, die der Lehrer verwirklicht[29].«
Auf der Grundlage einer Reihe von Interaktionsformen, die heute in unseren Schulen noch als verbindlich angesehen werden können und die nach Tausch »Einblick über das spätere Verhalten einer großen Anzahl von Schulabgängern in einer demokratischen Gesellschaft gewähren, kann folgender Sachverhalt (hinsichtlich des sozialen Verhaltens) angenommen werden:
- ☐ Geringe Befähigung zur Teamarbeit.
- ☐ Geringes Erlernen entsprechender sozialer Verhaltensweisen.

- ☐ Größeres Bedürfnis nach Anerkennung und Beifall von sogenannten Vorgesetzten.
- ☐ Abhängigkeitsbedürfnis.
- ☐ Einordnung durch Submission in ein hierarchisches Beziehungsverhältnis.
- ☐ Größeres Ausmaß an Fremddisziplin (Gehorsam), geringes Ausmaß an Selbstdisziplin.
- ☐ Größeres Ausmaß an intoleranten und autokratischen Verhaltensmerkmalen gegenüber Unterlegenen oder Minoritäten.
- ☐ Distanziertes, zum Teil apathisches Verhalten gegenüber sozialen Problemen.
- ☐ Geringeres Ausmaß originellen, selbständigen, kritischen sachzentrierten Denkens, unabhängig von einem Lehrer, einem Führer oder einer Ideologie.
- ☐ Riguidität hinsichtlich vorgefaßter oder übernommener Urteile (Vorurteile) bei geringerer Fähigkeit zu eigener Meinungsbildung.
- ☐ Geringere Offenheit gegenüber neuen Erfahrungen.
- ☐ Minderwertigkeitsgefühle.
- ☐ Gewisse Apathie gegenüber intellektuellen Bereichen und Vorgängen [30].«

Es handelt sich in dieser Darstellung um eine stark verkürzte Wiedergabe der umfangreichen Studie von Tausch. Aber sie kann schon ein Ergebnis erkennen lassen, nach dem es nicht »von der Hand zu weisen ist, daß das soziale Klima in einer größeren Anzahl von Schulen zum Teil diejenigen Vorgänge und Haltungen bei Jugendlichen begünstigt, die einem späteren Leben in einer Diktatur angemessen sind« [31].

Die Polizei soll selbst entscheiden, wieweit diese Kriterien in ihren Schulen Eingang finden oder selbst von ihnen gefördert werden. Ein Zusammenhang jedoch ist nicht zu leugnen.

In seinem Vortrag über »Änderungen der Denkstruktur« kommt Werner Heisenberg zu dem Ergebnis: »... daß eine Änderung der Denkstruktur äußerlich dadurch in Erscheinung tritt, daß die Wörter eine andere Bedeutung erhalten, als sie vorher hatten, und daß man andere Fragen stellt als früher ...« [32].

Heisenberg geht ausführlich auf die Probleme und Schwierigkeiten ein, auch auf die Widerstände, die sich diesem Änderungsprozeß in den Weg stellen, »... denn die Forderung nach der Änderung der Denkstruktur kann das Gefühl erwecken, es solle einem der Boden unter den Füßen weggezogen werden. Ein Gelehrter, der jahrelang mit einer von Jugend auf gewöhnten Denkstruktur große Erfolge in der Wissenschaft errungen hatte, kann nicht bereit sein, einfach aufgrund einiger neuer Experimente diese Denkstruktur zu ändern ... Wenn man die Verzweiflung erlebt hat, mit der in der Wissenschaft kluge konziliante Menschen auf die Forderung nach einer Änderung der Denkstruktur reagieren, kann man sich im Gegenteil eigentlich nur wundern, daß solche Revolutionen in der Wissenschaft überhaupt möglich gewesen sind [33].«

Heisenberg läßt die Frage offen, ob Revolutionen in der Wissenschaft mit Revolutionen in der Gesellschaft vergleichbar sind, ja, ob sie verglichen werden dürfen, und er sagt:

»... eine solche Analogie kann immer nur halb richtig sein, aber sie ist ja hier auch nur hervorgehoben worden, um zum Nachdenken anzuregen [34].«

Aus genau diesem Grund ist sie hier zitiert worden, denn Polizei wird in Zukunft mehr zu einer Wissenschaft auch vom Menschen und der Gesellschaft werden müssen, zu deren Schutz die Polizei mehr auf ihren Kopf und weniger auf die oft noch als messianisch angesehene Rolle der Waffen angewiesen sein wird. Ganz abgesehen von den sogenannten »härteren Gesetzen«, die den Henker wieder gesellschaftsfähig machen sollen.

Es wird immer wieder zu hören sein, daß die Polizei zugleich auch das Produkt ihrer Gesellschaft sei. Das ist gewiß eine halbe, wenn auch nicht die ganze Wahrheit. Aber die halbe Wahrheit allein schon genügt, um da kritisch einzuhaken, wo die Gesellschaft Härte und autoritäres Auftreten ihrer Polizei höher bewertet als Gesprächsbereitschaft und Verständnis am Rande der nur sturen Weisungsbefolgung und Gesetzesentsprechung. Gesellschaft und Polizei haben zu begreifen, daß eine Portion Liberalismus nicht gleichzusetzen ist mit Gesichtsverlust oder gar Niedergang von Sitte, Recht und Ordnung. Solange man in Minderheiten oder Gruppen gern potentielle Gegner wittert – in den USA eine oft bis zur Hysterie entwickelte Grundhaltung –, wird die Polizei ihre militanten Denkstrukturen eher kultivieren als abbauen, d. h., sie wird in Sieg und Niederlage denken und ihre großen pädagogischen Möglichkeiten vertun.

Neuerdings wird erwogen, die Personalstärke und die Effizienz der Polizei dadurch anzureichern, daß man die sogenannte und schwerbewaffnete »Polizei des Bundes«, also den Bundesgrenzschutz, mit unserer Schutzpolizei fusioniert. Eine solche Fusion hätte katastrophale Folgen, nicht aber die Kooperation in dringend gebotenen Fällen, die es gab und die bewiesen haben, wie sinnvoll sie war. Überdies ist der Bundesgrenzschutz selbst der Auffassung, daß die Teile seiner Verbände, die sowohl nach den Richtlinien des »Großen Sicherheits- und Ordnungsdienstes« (GSOD) als auch nach dem »Außerordentlichen Sicherheits- und Ordnungsdienst« (ASOD) ausgebildet sind, nur im Falle des ASOD wirksam Hilfe leisten könnten.

Denn »der Bundesgrenzschutz ist nach seiner Aufgabenstellung, Organisation und Bewaffnung keine spezifische Polizeieinheit, sondern ein paramilitärischer Truppenverband« (Bundesverfassungsgericht 1966). Der hessische Justizminister Hemfler sieht darum auch »den Rechtsstaat in Gefahr, wenn die Polizei als Rechtsschutzinstrument und die bewaffnete Macht als Instrument staatlicher Bestandssicherung nicht mehr getrennt sind« [35]. Bayerns Innenminister Merk geht in seiner Kritik weiter und sagt: »Der Grenzschutz wird zum Hansdampf in allen Gassen aufgebläht, dem im entscheidenden Moment die Luft ausgehen wird [36].« Werner Kuhlmann, Vorsitzender der Gewerkschaft der Polizei, hält die Absichten Bundesinnenminister Genschers, die Bereitschaftspolizei durch den Bundesgrenzschutz zu verstärken, schlicht für verfassungswidrig.

Dennoch hat der Deutsche Bundestag am 22. Juni 1972 ein neues Gesetz zur Regelung zukünftiger Aufgaben des Bundesgrenzschutzes im Zusammenhang mit der inneren Sicherheit verabschiedet. Es soll vor allem den Charakter des BGS als »Polizei des Bundes« unmißverständlich unterstreichen. Und laut Tagesbefehl soll das Gesetz den BGS in eine »gemeinsame Konzeption von Bund und Ländern für die innere Sicherheit« einordnen. Es hat nicht an Protesten gefehlt. Der hessische Ministerpräsident Osswald erklärte am 7. Juli 1972 im Bundesrat:

»... Da das Gesetz nicht selbst gewährleistet, daß die funktionelle Trennung von Polizei und bewaffneter Macht wiederhergestellt wird, können wir ihm nicht zustimmen.« Die Hamburger Wochenzeitung DIE ZEIT schrieb am 14. Juli 1972 unter dem Titel »Brisantes Poker«:

»... Der Allparteien-Konsens im Bundesrat über das neue Waffenrecht, die Übertragung polizeilicher Aufgaben an den Bundesgrenzschutz und die Verschärfung des Haftrechts war zweifellos Baader–Meinhof-beschleunigt. Er wurde sozusagen herbeigebombt. Da nimmt es nicht wunder, daß sich auch die Regierungskoalition im Blick auf den verbrechensfürchtigen Wähler über wichtige Details hinwegsetzte, von denen sie sehr wohl wußte, daß darin der Teufel steckt. So ist der Grenzschutz nach Aufgabe, Ausbildung und Bewaffnung ein quasi-militärischer, kein polizeilicher Verband. Seine Verwendung als Hilfspolizei mag wünschenswert sein. Aber sie hätte eine Strukturänderung vorausgesetzt. Kanonenbewehrte Panzerfahrzeuge im Einsatz gegen Demonstranten sollten für die Bundesrepublik nicht einmal gedacht werden können ...«

Aber das Gesetz ist beschlossene Sache. Doch schon jetzt kann vorausgesagt werden, daß Komplikationen im Falle eines integrierten Einsatzes von BGS und Landespolizeien nach Artikel 91, Absatz 2, nicht ausgeschlossen werden können. Wenn nämlich der BGS seinen Kombattantenstatus nicht preisgibt, wenn seine Waffen nicht dem für die Polizeien verbindlichen Waffenrecht angepaßt sind, wenn der BGS nicht einer intensiven Polizeischulung unterzogen wird und wenn der BGS nicht auf seine militärischen Dienstgradbezeichnungen verzichtet, dann wird eine Remilitarisierung unserer Polizei auf Dauer nicht zu verhindern sein.

Um auch hier den Bezug zur Ausbildung und zum Verhalten analog der Polizei herzustellen, sei ein junger Mann zitiert, der 18 Monate im Bundesgrenzschutz diente. Er schrieb: »Ich wählte euer ›Sonderangebot‹: zwei Jahre Bundesgrenzschutz bei gutem Gehalt plus Abfindung. Ihr habt es ›Wehrdienst‹ genannt. Aber ihr habt mir keine Möglichkeit gegeben zu dienen. Ihr habt mir keinen Weg gelassen, mit Idealismus, Verantwortungsbewußtsein und Begeisterung Diener meiner Mitmenschen zu sein. Statt dessen habt ihr mit eurem Rezept vom Dienen nur Desinteresse, Ablehnung und Schlaffheit provoziert und erreicht. Ja, ihr habt mich sogar, statt mich im Dienst an meinem Volk zu unterweisen, zu einem Mittel zu seiner Beherrschung ausbilden lassen. Ihr habt mich gelehrt, mit dem Polizeischlagstock auf Demonstranten zu schlagen, in Wäldern ›Banden‹ zu jagen und noch viele andere Dinge mehr, die wahrscheinlich sehr gut zu gebrauchen sein werden, wenn ›mal wo aufgemuckt‹ wird. Ich will nicht ungerecht sein. Ich erhielt auch Unterricht in ›Erster Hilfe‹. Nur konnte ich in den zwei Jahren meine Kenntnisse niemandem dienstbar machen... Ihr habt mich kaserniert und damit isoliert von denen, denen ich dienen sollte – euch. Ihr habt mir zwei Sommer und zwei Winter lang das bedrückende Gefühl gegeben, nutzlos zu sein, euch mich wie einen höchst überflüssigen Luxus geleistet zu haben. Ihr habt wirkliches Dienen nicht gewollt. Ihr fürchtet euch davor, dem Dienst eine grundsätzlich neue Konzeption zu geben, die das Selbstverständnis der Bundeswehr, des Bundesgrenzschutzes revolutioniert – revolutionieren muß! Diese Konzeption darf nicht schon allein durch Ausbildung und Warten auf den Fall X ausgefüllt sein. Sie muß darüber hinaus Raum geben, die Zeit des unproduktiven und sinnlosen Wartens zu nutzen, zu helfen oder Arbeit zu verrichten immer da, wo es im Interesse eines echten Fortschritts nötig ist. Fürchtet Ihr den Fortschritt[37]?«
Und ein anderer Bundesgrenzschutzabsolvent – es handelt sich um einen Studenten, der sein Studium unterbrochen hatte, um im BGS zu dienen – vermerkt: »Für den Stil angehender Geisteswissenschaftler wirkt es sich wohl sogar

nachteilig aus, wenn er sich als Unterführer oder Reserveoffizier der kurzen, verstümmelnden Befehlssprache allzu freudig und unreflektiert bedient... In der äußeren Haltung nimmt man allmählich – wohl unbewußt – das militärisch Straffe an, zumal als Unterführer. Wie lange mag es vorhalten?... Die Unehrlichkeit bedrückt. Es ist oft hart, in Dingen zu unterrichten, von deren Nutzen man nicht überzeugt ist oder die man für die Entfaltung der Persönlichkeit seiner Untergebenen für gefährlich hält... Schwer abzuschätzen ist auch, wie sehr die Denkkategorien eines Truppenführers auf einen selber abfärben oder einen übertrieben oppositionell werden lassen ... [38].«

Dies als Beitrag zur immer noch üblen örtlichen Betäubung im Bundesgrenzschutz, der »Polizei des Bundes« und auch in unserer Bereitschaftspolizei. Denn bei Durchsicht des ÖTV-Organs »Die Bayerische Polizei« Nr. 4/1972 fällt die Schlagzeile auf: »Wie man Polizisten fertigmacht.« Was ist geschehen?

»15 Kilometer Fußmarsch auch durch bauchtiefes Wasser (im März)! Zwang zum Bücherkauf und Zwang zum kurzen Haarschnitt! Haarlänge mit Kugelschreiber an Ohr und Nakken angezeigt! Verletzter durch Phantasiebefehl eingeschüchtert! Ihr könnt ja gehen, draußen warten 500!... Die ersten sind bereits gegangen. Und das im Jahre 1972.«

Es soll, so auf Rückfrage, unter anderem während des 15-Kilometer-Fußmarsches am 23. März 1972, den die Ausbilder in Kraftfahrzeugen mitmachten, der Befehl gekommen sein, daß alle Brücken gesprengt seien und daß die Beamten sich eine seichte Stelle zur Überquerung des Flusses zu suchen hätten. Sie überquerten die »seichte« Stelle, in der einige Beamte bis zur Brusthöhe im Wasser standen, und mußten nach dieser Prozedur den restlichen Weg von fünf Kilometern zu Fuß zurücklegen. Drei Beamte sollen wegen Fußbeschwerden bei ihrer Dienststelle angefragt haben, ob sie nicht abgeholt werden könnten. Darauf soll erwidert worden sein, ob sie wohl auch dann liegenbleiben würden, wenn sie wüßten, daß drei Kilometer hinter ihnen die Russen wären. »Ein bedauerlicher Einzelfall«, so sagt man von zuständiger Seite.

Das alles verträgt sich wohl kaum mit den Forderungen, die Oberpolizeidirektor Karl Krampol, der Leiter der bayerischen Bereitschaftspolizei, als zukünftige Aufgabe der Polizei erhebt. Denn »der Polizeibeamte der Zukunft wird schließlich sehr gute naturwissenschaftlich-technische Kenntnisse und Fertigkeiten aufweisen müssen. Sein Handwerkszeug wird immer komplizierter werden – hier sei nur an Radar, Traffipax, die Fotogrammetrie, die elektronische Datenverarbeitung und an das ganze Gebiet der Kriminaltechnik gedacht. Der Sachbeweis wird um so stärker in den Vordergrund treten, je ausgeprägter die Freiheitsrechte des einzelnen gestaltet werden. Zusammenfassend läßt sich sagen: Der besser gebildete, der besser ausgebildete, der besser ausgerüstete und der besser informierte Polizeibeamte, das muß die Antwort der Polizei auf die Herausforderung der Zeit sein [39].«

Richtig, nur läßt sich das nicht durch Befehl und Gehorsam, mit Haarschnitterlassen, Russenangst und anderen Feindbildern erreichen.

Vielmehr ist es nötig, vorrangige Aufgaben der Polizei – so Dr. Horst Herold – in ihr eigenes Bewußtsein zu heben, und dazu »ist freilich eine entschlossene Abkehr von der Beschränkung auf ihre traditionellen Funktionen, ein radikaler geistiger Neubeginn, eine Hinwendung zu einem ganz andersartigen Selbstverständnis einer höherstufigen, wissenschaftlich arbeitenden, gleichsam gesellschaftssanitären, weder herrschenden noch beherrschten, sondern im wahren Wortsinne helfenden Polizei vonnöten« [40]. Herold weiß, wovon er spricht.

Selbstverständnis contra Berufsbild

Da ich seit geraumer Zeit arbeitslos bin,
möchte ich endlich auch Beamter werden.
Aus einem Bewerbungsschreiben
(Polizeikurier Nr. 11/12, 1970)

Mit einem fürwahr nicht unterentwickelten Selbstbild sucht die Polizei nach einem ausformulierten Berufsbild. Ist das Selbstbild oder das Selbstverständnis hier und da noch aus der Geschichte und dem aus ihr resultierenden Respekt der meisten Bürger vor der Polizei abzuleiten, so wird das Berufsbild durch die neue Gesellschaft, in der die Polizei sich zu verwirklichen hat, unscharf und endlich fragwürdig. Aber auch die Tradition – von vielen zwar noch immer als feste sittliche Bindung beschworen – liefert keine geschichtliche Phase, von der her sich eine moralische Stütze oder ein legitimer Berufungstitel ableiten ließe. So bleibt der Polizei nichts anderes als die »rechtsstaatliche Grundlage«, für und mit der zu arbeiten sie gezwungen ist; und das ist gut so. »Im Kampf um den Fortschritt erobert man sich neue Waffen unterwegs – man kann auf die alten verzichten [1].« Das gilt nicht nur für die Polizei.

Die deutsche Demokratie ist jung, insgesamt kaum älter als 40 Jahre. Ihre Stabilität ließ sich bisher nur an ihrer wirtschaftlichen Festigkeit messen, sie ist – so jedenfalls stellt es sich im Augenblick dar – konjunkturbedingt und also konjunkturabhängig. Wie alle Länder westlichen Zuschnitts erlebt sie eine technische Revolution und eine nicht mehr überschaubare Wissenschaftsexplosion, die der gesellschaftlichen Entwicklung um Jahrzehnte vorauseilt. Man hat errechnet, daß heute etwa 80 Prozent aller Wissenschaftler leben, die je auf der Welt zuvor tätig gewesen sind, und daß sich die quantitative Produktivität der Wissenschaft alle 10 bis 15 Jahre verdoppelt[2]. Die geistige und sittliche Entsprechung zu diesem Phänomen konnte bisher aber nur ansatzweise beobachtet werden. Generell wird von einer Desorientiertheit gesprochen werden müssen. Sie ist charakteristisch sowohl für Gruppen wie Institutionen, sie ist allgegenwärtig und wird oft als existentielles Vakuum empfunden.

Über die »Lage der Nation« ist viel geschrieben worden. Ihr sich wandelndes Porträt hat Soziologen und Philosophen, Psychologen und Journalisten, Futurologen und Theologen seit über 10 Jahren nicht mehr aus der Verpflichtung entlassen, nahezu alle Ereignisse unter dem Aspekt »einer sich rapide wandelnden Gesellschaft« zu durchleuchten. Die Resultate lassen sich nachlesen, und jede wie auch immer orientierte Weltanschauung kommt dabei auf ihre Kosten.

Einige Institutionen jedoch scheinen bewußt oder unbewußt, beabsichtigt oder unbeabsichtigt versäumt zu haben, noch rechtzeitig auf den bereits fahrenden Zug zu springen. Zu ihnen gehören mit an Sicherheit grenzender Wahrscheinlichkeit viele unserer Behörden und mit ihnen die in ihnen wirkenden Beamten. Auch die Polizei.

Zwar vermochte sie sich nach dem Zweiten Weltkrieg noch in einem – wenn auch zwielichtigen – Traditionsraum heimisch zu fühlen, aber das Berufsbild deckt sich nicht mehr mit dem Beruf, mit anderen Worten: Die Karte entspricht nicht mehr dem Gelände. Der sich daraus ergebende Widerspruch, der Widerspruch also zwischen Realität und So-tun-als-Ob ist die tiefere Ursache für das Mißverhältnis zwischen Polizei und Bevölkerung einerseits und schließlich auch andererseits für das Unbehagen in den eigenen Reihen der Polizei. Dieser Widerspruch aber kann so lange nicht beseitigt werden, solange die Polizei nicht fähig ist, ihr Selbstverständnis aus dem Berufsbild heraus schrittweise abzu-

leiten. Sie steht hier durchaus vor Problemen, mit denen die Bundeswehr so lange zu kämpfen hatte, denn wie diese wurde auch die Polizei nach dem Zweiten Weltkrieg unter ähnlichen, sprich militärischen Motivationen »rekrutiert«. Man muß also feststellen, daß die Polizei bis heute ihre sich selbst auferlegte pseudomilitärische Umklammerung nicht abzuschütteln vermocht hat, und dort, wo disziplinäre und hierarchische Gegebenheiten vorhanden sind – etwa in der Mechanik von Befehl und Gehorsam –, wird ihr diese Befreiung auch nicht gelingen. Was sie freilich davon befreien könnte, wäre ein präzise formulierter Polizeiauftrag, verankert in präzise formulierten Gesetzen, und die unwiderruflich klare Abgrenzung von allen Aufgaben, die nicht Sache der Polizei sind.
Beamte, also auch Polizeibeamte, sind der Natur ihrer Berufsgruppe entsprechend in der Regel konservativ. Das hatte bis zu einer gewissen Zeit seine großen Vorteile, ebenso aber auch seine großen Nachteile. Ihre Aufgaben erschöpften sich mehr in Reaktionen als in Aktionen. Das muß darauf zurückgeführt werden, daß der Beamte mehr noch als der Soldat (bei freilich sehr unterschiedlichem Auftrag) »weisungsgebunden« ist, er also die Weisung immer von oben erhält und streng nach ihr handelt. Daran hat sich bis heute wenig geändert, und so muß davon ausgegangen werden, daß im noch vorhandenen traditionellen Führungsstil fast jeder Verwaltung der jeweilige Vorgesetzte die Möglichkeit hat, u. a. nach eigenem Ermessen Aufgaben seiner »Untergebenen« an sich zu ziehen und sie, wenn es ihm im Verlauf der Bearbeitung richtig erscheint, wieder an diese zurückzugeben. Ja, er kann dies sogar als seine Pflicht ansehen.

1. Beispiel:

»Regierungsrat Dr. Friedrich, der die berechtigte Hoffnung auf baldige Beförderung zum Oberregierungsrat hegte, gab sich in den letzten Monaten vor diesem Ereignis besondere Mühe, sein Können unter Beweis zu stellen. Zu diesem Zweck zog er aus den Delegationsbereichen der ihm unmittelbar unterstellten Mitarbeiter alle interessanten Vorgänge an sich, um sie selbst zu bearbeiten. Er beabsichtigte, auf diese Weise bei seinen Vorgesetzten einen besonders guten Eindruck zu machen. Daß seine Mitarbeiter darüber nicht gerade beglückt waren, war ihm gleichgültig.

Als er jedoch merkte, daß die einzelnen Fälle für ihn sehr mühsam zu bearbeiten waren und viel Zeit kosteten, weil er nicht den erforderlichen Einblick in die Details besaß, gab er die Vorgänge nach und nach wieder zurück. Unnötige Verzögerungen in der Erledigung der betreffenden Angelegenheiten und nachhaltige Verärgerung auf seiten der Mitarbeiter waren die Folge.

Bei einer klaren Zuordnung von Aufgaben, Kompetenzen und der sich daraus ergebenden Verantwortung, die die Voraussetzung für eine Führung im Mitarbeiterverhältnis bildet, ist ein solches Verfahren des Vorgesetzten unzulässig [3].«

Weiter darf davon ausgegangen werden, daß in vielen Bereichen der öffentlichen Verwaltung ständig und infolge hierarchischer Denkstrukturen und Verhaltensmodelle grundsätzlich gegen die Grundregeln für das Verhalten des Vorgesetzten gegenüber den ihm unterstellten Mitarbeitern verstoßen wird. Eine beklagenswerte Tatsache ist das sogenannte Hineinreden (oder auch »Durchregieren«) des Vorgesetzten, wonach er »unmittelbar jedem Untergebenen generelle oder spezielle Weisungen erteilen kann, ganz gleichgültig, auf welcher Stufe dieser steht« [4].

Man nennt das in der Verwaltungssprache den »Polypengriff« des Behördenleiters, der im übrigen nicht nur innerhalb der einzelnen Behörden zu beobachten ist, sondern sich »vielmehr über alle Instanzen erstrecken und z. B. von der Landesregierung bis zum Landratsamt erfolgen kann« [5].

2. Beispiel:

»Der Chef einer Verwaltung, der gleichzeitig Mitglied des Landtags und ein großer Freund der Repräsentation ist, weilt nur selten in seiner Behörde. Alles, was er nicht selbst tun muß, hat er weitgehend, wie überall verkündet, auf seine

Mitarbeiter abgewälzt. Er bezeichnet sich deshalb als einen fortschrittlichen Behördenchef und stellt sein Beispiel allenthalben zur Nachahmung hin. Wenn er sich jedoch einmal länger als gewöhnlich in seiner Behörde aufhält, fühlt er sich mit den ihm verbliebenen Aufgaben nicht ausgelastet. Dann zeigt er sich alles andere als fortschrittlich. Er greift wahllos auf allen Stufen der Hierarchie ein, läßt sich unter Umgehung der Zwischenvorgesetzten Bericht erstatten und trifft Entscheidungen, die noch dazu sachlich keineswegs einwandfrei sind und mit denen er immer Verwirrung stiftet. Die leitenden Beamten versuchen dann hinterher mühsam, die Schäden wieder einigermaßen in Ordnung zu bringen. Dies ist auch verhältnismäßig einfach, da der Chef, wenn ihn seine sonstigen Pflichten in den nächsten Tagen wieder voll in Anspruch nehmen, schnell vergißt, was er entschieden hat. Er hat lediglich das Gefühl, daß seine Mitarbeiter wieder einmal ›eine feste Hand‹ gespürt haben [6].«

In diesem »Recht zum Eingreifen auf allen Stufen der Hierarchie sehen insbesondere die Behördenleiter auch heute noch vielfach einen unerläßlichen Bestandteil ihrer Vorgesetztenposition ... Im Grunde betrachten sie sich noch als der alleinige Vorgesetzte in ihrer Behörde und erkennen die Führungsfunktion der Zwischenvorgesetzten nur sehr bedingt an [7].«

Weitere Beispiele ließen sich anführen, sie alle würden nicht mehr und nicht weniger bestätigen, als daß sich die gegebenen Behördenpraktiken negativ auf das Verhältnis zwischen Vorgesetzten und Mitarbeiter auswirken und daß diese Auswirkung sich selbstverständlich über die Schwelle der Behördentüren in die Öffentlichkeit schleicht, wo sie wiederum dazu beiträgt, nicht mehr gewünschte Demutshaltungen im Volk zu produzieren.

Weil dem so ist, muß geschlossen werden, daß auf der großen unteren und mittleren Verwaltungsebene kreative Arbeit nicht nur nicht möglich, sondern auch gar nicht erwünscht ist, solange im Verwaltungsgefüge alle Weisheit nur vom »Feldherrnhügel« kommen kann. Die Folge ist das Arrangement mit dem Apparat, dem man überdies seine Pensionsberechtigung verdankt, und die Ausformung eines Menschentyps, der im »Untertan« des Heinrich Mann seine klassische Interpretation erfuhr. Zu einem der entscheidenden Wesensmerkmale dieses Typus gehört der ausgeprägte Mangel an Zivilcourage, der um so stärker zutage tritt, je weiter unten einer arbeitet. Das geht so weit, daß junge Beamte, noch auf den ersten Sprossen ihrer Berufsleiter tätig, lieber auf Ansprüche verzichten, als diese bei der Behörde zu reklamieren.

3. Beispiel:

»Eine Stadt mit kommunaler Polizei entschied sich, eine Zulagenverordnung zu einem späteren als dem vom Land vorgeschriebenen Termin gelten zu lassen. Gerade Polizeibeamte wurden davon finanziell betroffen, da ihnen Zulagenbeträge zwischen 300,– DM und 500,– DM verlorengingen.
Die Gewerkschaft ÖTV beabsichtigte, in Wahrnehmung von Einzelinteressen den Beschluß des Stadtrates zu Fall zu bringen. Sie suchte mögliche Kläger vor dem Verwaltungsgericht und fand sage und schreibe nur einen. Andere hatten erklärt, einen Prozeß nicht führen zu wollen, weil sie wegen der 300,– DM bis 500,– DM nicht bereit wären, ihre Beförderung aufs Spiel zu setzen [8].«
So ließe sich Beispiel an Beispiel über die sonderbaren, aber aus der Kenntnis des Apparats heraus verständlichen Reaktionen reihen. Ist die Konditionierung des bürokratisch geprägten Prototyps die eine Seite, so ist das merkwürdige und unüberschaubare Treiben im Apparat die andere. Es darf als hinreichend bekannt gelten, daß ein Beamter, der z. B. einen Antrag entgegennimmt, so gut wie keine Entscheidungsbefugnis besitzt. Er ist nicht mehr als ein lebender Eingangskorb, der alles weiterreichen muß an seinen Vorgesetzten, welcher seinerseits nun wieder ganz beschränkte Kompetenzen hat und vieles an die nächsthöhere Instanz weiterzuleiten gezwungen ist.
»Wo kämen wir hin, wenn jeder...« – »Das haben wir immer so gemacht« und »Da könnte ja jeder kommen...«

sind die eingeschliffenen Floskeln, die hinter den genannten Aktionen stehen, Aktionen, die täglich zahllose Vorgänge, Vermerke und Wiedervorlagen von Schreibtisch zu Schreibtisch, von Amt zu Amt und zurück zum Eingangskorb wandern lassen.

Friedrich Lauxmann, ein höherer Beamter im Bundesdienst, hat in seinem Buch »Die kranke Hierarchie« ausgerechnet, daß ein Antrag, der von einem Minister, also der höchsten bürokratischen Entscheidungsinstanz, entschieden werden muß, über 50 bis 200 Schreibtische geht [9].

»Selbst Bagatellsachen steigen oft einen langen stationenreichen Dienstweg empor, bis sie entschieden und an die Basis der Ämterpyramide zurückgeschickt werden. So passierte eine umstrittene Spesenabrechnung – Kostenpunkt 30,– DM – insgesamt 25 Schreibtische in vier verschiedenen Behörden. Ergebnis der langwierigen Prüfung: Von der Rechnung wurden 6,– DM gestrichen. Solcher Widersinn freilich ist nicht den Beamten allein anzulasten. Eine pedantische Gesetzgebung zwingt die Staatsdiener zu umständlicher und paragraphentreuer Amtsausübung« [10], die nach Lauxmann in die Formel gefaßt wird – Nachlesen statt Nachdenken.

Würden andererseits die Beamten stets streng ihren Vorschriften gemäß handeln, so stünde der Behördenapparat binnen kurzem still.

»In der Praxis«, kommentiert Lauxmann, »lebt die Verwaltung zu einem guten Teil von Gehorsamsverweigerung.«

»Ein Minister befand denn auch, Dienst nach Vorschrift sei pflichtwidrig [11].«

In der Ausbildung auch der niederen Beamtenränge dominieren juristische Lehrfächer; Erfahrungen aus der Behördenpraxis und der Organisation werden peinlich genau amalgamiert mit Jurisprudenz, nicht aber mit den Einsichten aus dem modernen Management. Die Beamten, die dieser vorzeitlichen Prozedur ausgeliefert sind, werden am Ende der Strecke – so Lauxmann – zu zuverlässigen, aber unkritischen Befehlsempfängern, »man lehrt ihn nicht, man dressiert ihn« [12].

Das findet seinen Niederschlag einerseits im Apparat selbst, andererseits aber in der Bevölkerung, die in einer Meinungsumfrage zu 50 Prozent bekannte, nicht mehr mit der Behörde zufrieden zu sein. In dieser selbst überwiegt die »Ochsentour-Mentalität«, die schließlich dazu führt, daß der Verwaltungsschlendrian ständig zunimmt. Professor Theodor Eschenburg (Tübingen) sagt: »Die Verwaltungsvorgänge werden in unerträglich langen Fristen erledigt. Was wird jährlich an öffentlichen und privaten Mitteln durch Zeitverzögerungen vergeudet, von Fehlmaßnahmen aus Überorganisation, Fahrlässigkeit und Gefälligkeit gar nicht zu reden! Die Verwaltungsqualität hat im großen und ganzen stark nachgelassen [13].«
Kenner der Materie geben darum einer wirklich revolutionierenden Verwaltungsreform so gut wie keine Chance. Kleine Schritte gelten zwar als nicht ausgeschlossen; auch könnte der Abbau der Entscheidungsgewalt in der Behördenhierarchie etwas von oben nach unten verlagert werden. Derzeit aber brauche man – so Lauxmann – »zehn Beamte, um ein Haar zu spalten«, künftig werde das jeder Beamte »in eigener Zuständigkeit« können [14]. Mit anderen Worten kann man von einer konservativen Revolution als der ewigen Wiederkehr des Gleichen sprechen.
Hier und da ist freilich ein Wandel beobachtet worden, besonders in den kleinen Gemeinden und Kreisstädten, wo Verwaltung und Bürger sich näher auf den Pelz gerückt sind und eben enger zusammenarbeiten. Schon im Umgangston äußert sich das. Daß insbesondere die Finanzämter Schrittmacher geworden sind, darf nicht unterschlagen werden, aber daß im Zuge der Gebietsreform gerade hier durch den zugewonnenen Arbeitsanfall die Behörden wieder wachsen, kann nur dazu führen, daß der Mensch in der Anonymität untergeht. Ein Gesichtspunkt, der bei der Verstaatlichung kommunaler Polizeien außer acht gelassen wurde, aber freilich nur einer. Es mag sein, daß sich das Bild der Polizei nach außen hin wandelt, etwa im Hinblick auf mehr Einheitlichkeit in den Uniformen und ähnlichen Äußerlichkeiten, aber in der Gesamtlage dürfte die Polizei dem Bür-

ger im wohlverstandenen Sinn nicht näherkommen, sondern sich ihm noch mehr entfremden.

Bevor auf die Beamten der Polizei oder, genauer gesagt, auf die Polizeibeamten speziell eingegangen wird, muß noch kurz das Milieu, von dem polizeiliches Handeln abhängt und geprägt wird, untersucht werden. Ganz allgemein wird man sich mit der These befassen müssen, daß »... die ständige Anpassung der Planungen an die sich verändernden Gegebenheiten und die Verwirklichung der Programme eine Beweglichkeit voraussetzen, die dem am bloßen Gesetzesvollzug geschulten Juristen (und Polizeibeamten) weithin fehlt. Denn die Denkweise des Juristen (und Polizisten), die sich an vorgegebenen Normen orientiert, hat vielfach die Bereitschaft zum Abenteuer neuer Alternativen verkümmern lassen [15].«

Nun, die Klage ist nicht neu, aber zu alt, um mit der bloßen Feststellung und der Trauer darüber zur Tagesordnung übergehen zu können.

Franz von Liszt (1815–1919), der Begründer der deutschen soziologischen Strafrechtsschule, beklagt in seiner Marburger Rektoratsrede an der Schwelle zum 20. Jahrhundert, »daß ohne Verständnis und ohne Begeisterung für die unser Volk bewegenden Zeitfragen die Mehrzahl unserer Juristen den Tempel der Wissenschaft, den sie, lediglich um ein dürftiges Examen bemüht, zur Krämerbude gemacht haben, verlassen werde. Das ist der Stoff, aus dem Preußen seine Richter, seine Verwaltungsbeamten macht, das sind die Männer, aus welchen das deutsche Volk die künftigen Führer in den Kämpfen des öffentlichen Lebens entnehmen soll [16].«

70 Jahre später, an der Schwelle des 21. Jahrhunderts, müssen wir konstatieren, daß die »Hüter von Recht und Ordnung nur staatsfromm sind. Ihre Tugenden heißen Korrektheit, Lauterkeit, Gründlichkeit, Treue, Fleiß, Unbestechlichkeit.

Ordnungsliebe und Loyalität werden mehr geschätzt als Kritik; Traditionsbewußtsein, dogmatische Rechtskenntnis mehr als Persönlichkeit und Einfallsreichtum [17].«

Und Helmut Ostermeyer, Jugendrichter, geißelt diese Haltung wie folgt: »Je weniger die Richter ein inneres Verhältnis zur offenen Demokratie haben, desto inniger ist ihre Anhänglichkeit an die anonyme Macht. Ihre Devotion gegen die Obrigkeit, die ihnen die Macht verkörpert, erinnert an die Zeiten des Hofschranzentums [18].«

Ernst Friesenhahn, ehemaliger Bundesverfassungsrichter, erklärte noch im Jahre 1969: »Die Richter sind Staatsdiener. Daran gibt es nichts zu drehen und zu deuteln [19].« Und da fast die Hälfte der deutschen Richter »Ordnung höher als Gerechtigkeit« werten, muß leider festgestellt werden, daß »keine gesellschaftlich einflußreiche Gruppe in Deutschland, ausgenommen Militär und Polizei, ein so autoritäres Staatsbewußtsein und ein so antiquiertes Selbstverständnis hat wie die Richter« [20].

Wie sich das in der Polizeipraxis niederschlägt, mag an einem Beispiel deutlich werden:

Als ein Beamter 1962 anläßlich des Besuchs von de Gaulle in München den unsinnigen Befehl seiner Vorgesetzten, sich und seine zum Teil erheblich über 50 Jahre alten Kollegen über große Entfernungen auf gewöhnlichen Lastkraftwagen befördern zu lassen (was auch bestehenden Straßenverkehrsvorschriften zuwiderlief), nicht ausführte, sondern einen Omnibus mietete, wurde er vom Disziplinargericht in erster Instanz mit einem Verweis, in zweiter Instanz sogar mit einer Geldbuße drastisch auf seine Gehorsamspflichten hingewiesen. Im Urteil war ihm zwar bescheinigt worden, seine Vorgesetzten hätten das Maß vernünftiger »Fürsorgepflichten« den eingesetzten Beamten gegenüber außer acht gelassen, dies hätte ihn aber nicht davon befreien können, zunächst den gegebenen Befehl auszuführen; anschließend hätte er die Möglichkeit einer Beschwerde gehabt.

Wenn auch die Disziplinarrichter dem Wunsche der für das Verfahren Verantwortlichen, den Beamten wegen »Meuterei« vom Polizeimeister zum Hauptwachtmeister zu degradieren, nicht entsprachen, so statuierten sie dennoch ein Exempel, das den Zweck hatte, zumindest den 12 000 Beamten des Polizeiverbandes, dem der couragierte Einzelgänger angehörte, ihre Pflicht zur Botmäßigkeit vorgesetzter Befehle gegenüber deutlich zu machen [21].

Wie in einem solchen Klima Kritik, ein in Deutschland ja ohnehin nur dürftig kultiviertes Gewächs, geschweige denn ein Selbstbild gedeihen kann, das ist die Frage.
Offenbar in richtiger Einschätzung prägte der Oppositionsführer Rainer Barzel das Wort: »Die Beamten grüßen wieder«, als zu Beginn des Jahres 1972 Herbert Hupka wegen der Ostpolitik der Regierung Brandt/Scheel die Bundestagsfraktion der SPD und diese Partei verließ. Es kann als ein Verdikt gegen eine Gruppe, die sich, so Theodor Eschenburg, meistens »machtgerecht« und nicht »sachgerecht« verhält, verstanden werden, denn mit Hupkas Übertritt wurde die Macht der Regierung zugunsten der Opposition weiter geschwächt. Als einige Monate später der Oppositionsführer Barzel den »Kanzlersturz« mittels eines konstruktiven Mißtrauens wagte, war sich Barzel seiner Sache sicher – und nicht nur er ... »Beamte, die ein gutes Gespür für die Machtverhältnisse haben, begannen sich neu zu orientieren; man arbeitete für die Schublade, nicht mehr für die Vorgesetzten. Einige politische Beamte, die damit rechnen mußten, beim Regierungswechsel aufs Abstellgleis geschoben zu werden, wurden noch schnell befördert. Im Kanzleramt wurden Akten sortiert ... [22].« Die Regierung blieb. Ob die Beamten nun nicht mehr grüßen, ist nicht überliefert.
Dies sei zur Abrundung eines Themas erwähnt, das geeignet erscheint, das Vorfeld zu illustrieren, aus dem die Polizei – und nicht nur die Polizei – ihre Weisungen empfängt. Aber gerade sie ist es, »... die als erste fertig werden muß mit dem Widerspruch zwischen Strafbestimmungen aus dem Jahre 1871 und dem Denken in einer freiheitlichen Demokratie« [23]. Und aus ihrem Indentitätsverlust resultieren einmal mehr zugleich die Unsicherheiten in der Orientierung.
Mit den Beamten anderer Sparten haben die Polizisten gemeinsam das Gefühl, von den Massenmedien und der Bevölkerung nicht genügend anerkannt zu werden. Das geht aus einer Untersuchung hervor, derzufolge über 50 Prozent von 103 befragten Beamten der Bonner Ministerialbürokratie der Meinung ist, »nicht genügend gewürdigt zu werden, und daß starke Vorurteile in der Öffentlichkeit gegen die

Bürokratie und die Beamten gehegt werden und daß sie oft als Prügelknaben der Nation herhalten müßten« [24].

In der Tat kann ihnen attestiert werden, daß ihnen nicht der Instinkt, aber das Unterscheidungsvermögen abhanden gekommen ist, denn die oft genug im eigenen Betrieb erhaltenen Prügel werden ganz offenbar nach außen projiziert und erzeugen jenes Selbstmitleid, das nahezu allen Berufsgruppen eigen zu sein scheint, die sich als elitär empfinden. Fühlen sie sich insgesamt aber von der Nation geprügelt, so darf das als ein irrationales Verhältnis zur sich verwirklichenden Demokratie gedeutet werden, die von Kritik und durch Kritik lebt und sich stets zu erneuern hat, denn Stabilität und Demokratie schließen auf weiten Strecken einander aus. Die Polizei sollte überdies wissen, daß ihr Katalog des Selbstmitleids, der sich artikuliert in »Prügelknabe der Nation« und, »stets von der Gesellschaft mißverstanden«, nachgerade ein Widerspruch ist zu der weitverbreiteten Auffassung, daß Polizisten etwas Besonderes seien oder »besonders in der Verantwortung stehen«. Dieses Rund-um-die-Uhr-arbeiten-müssen-Gefühl kann nicht zum Leid-Motiv abgerufen werden, denn erstens arbeiten Menschen in anderen Berufen auch im Schichtdienst, und zweitens ist nach 1945 in der Bundesrepublik kein einziger Mann in diesen Beruf »gepreßt« worden.

Was freilich die Arbeit der Polizei von anderen Einrichtungen, die auch rund um die Uhr arbeiten, unterscheidet, ist signifikant. Kein anderer braucht sich permanent von Sträunern und Ganoven beleidigen zu lassen, und vergleichsweise wird überall dort, wo auch zu jeder Tag- und Nachtzeit Dienst getan wird, nicht so unter Streß und Gefahr zum Wohl und zur Sicherheit der Bürger auf oft einsamen Posten ausgehalten wie bei der Polizei.

Der Stern-Reporter Wolf Winter, der »Polizist auf Zeit« war und Dienst in einem Hamburger Revier absolvierte, berichtet etwa:

»Für den ›Dienst zu ungünstigen Zeiten‹, also auch und gerade an Wochenenden, zu Ostern, Pfingsten und Weihnachten, zahlt ihnen der Staat einen Stundenzuschlag von

75 Pfennig, höchstens aber 60 Mark im Monat. Dafür rührt keine Klofrau ihre Bürste an. Dafür, daß die Männer der C-Schicht die Gemeinschaft vor Gesetzesbrechern zu schützen versuchen, zahlt ihnen die Gemeinschaft nicht einmal Urlaubsgeld. Mehr noch: Weil die Polizei unter Personalmangel leidet – in Hamburg fehlen 1 000 Beamte, in anderen Städten ist das nicht anders –, kann kaum ein Schutzmann der C-Schicht seinen Urlaub zu der von ihm gewünschten Jahreszeit nehmen. Deshalb wird der Urlaub geteilt, also ist von Erholung nicht die Rede, also wird die Kondition immer schlechter und das Nervengeflecht immer brüchiger. Kein Wunder, daß es unentschuldbare Polizeiübergriffe gibt, Kurzschluß- und Jähzornreaktionen im Zustand der amtlich nicht vorgesehenen Nervosität, Fehlgriffe unter Streß – wieso werden dafür nicht diejenigen bestraft, die für den Verschleiß der Polizisten verantwortlich sind?
Der Amtsarzt der Hamburger Polizei, Dr. Pierow, mag die Frage nicht verneinen, ob die Männer der C-Schicht von ihrem Brotherrn, dem Staat, verheizt werden. ›Die Regel ist‹, sagt er, ›wer zwanzig Jahre im Schichtdienst war, ist fertig.‹ Nervöse Magenleiden, Herzkranzgefäßerkrankungen, Erschöpfungszustände, ausgebrannt mit 45. Mit 48 ist der Tod durch Herzversagen am häufigsten, jeder dritte Polizist scheidet vorzeitig – im Durchschnittsalter von nur 50 Jahren – aus, weil Herz, Magen oder Wirbelsäule kaputt sind. ›Und keiner, der über fünfzig ist‹, sagt der Doktor, ›dürfte im Schichtdienst eingesetzt werden.‹ Aber es gibt eine Menge, die über fünfzig sind und Schichtdienst machen [25].«
Und Winters Beobachtungen über die Geisteshaltung der »Männer der C-Wache« verdienen eine gewiß weite Verbreitung zwecks »Einsichtnahme« seitens der Bevölkerung und der Leute »da oben«:
»Daß man ihnen einmal (1963) für den Fall kriegerischer Ereignisse den soldatenähnlichen Kombattanten-Status zumuten wollte, empört sie noch heute. Daß ihr Boß sich militant ›Kommandeur‹ nennt, halten sie für vorgestrigen Unfug, und daß in ihrer ›Vorschrift für den täglichen Dienst der Polizei‹ (VfdP 22.0010) die Order zu lesen steht, Persön-

lichkeiten des öffentlichen Lebens sei auch dann durch Anlegen der rechten Hand an die Kopfbedeckung Ehren zu erweisen, ›wenn sich die Persönlichkeiten in Kraftfahrzeugen mit Standern befinden‹, empfinden sie als lächerlich. ›Wo komm' ich denn her‹, fragt einer, ›daß ich einen Haufen Blech, einen Mercedes-Stern und einen Stander grüße?‹«
Die Männer von der C-Schicht wollen Ordnung halten, so gut es geht, Kommißquatsch stört da nur, auch Uniformkult stört, auch extra schneidiger Einsatz. Daß es Polizisten gibt – vor allem im Kasernenmilieu der Bereitschaftspolizei –, die gelegentlich mit Knüppeln ihr Verständnis von »Recht und Ordnung« auf Studentenschädel dreschen, wissen sie. »Da wird«, sagt einer, »manchmal Unfug gemacht«, und niemand widerspricht dem Polizeirat Jacobsen, der gesteht: »1968, als wir in Hamburg die großen Demonstrationen hatten, haben eine ganze Menge Polizisten in schlimmer Weise überreagiert. Das darf es in der Zukunft einfach nicht mehr geben [26].«
Das gehört auch zum Berufsbild, zum Image, zum Selbstbild. Aber dieses ist Opfer eines sich selbst verschleißenden Prozesses, gegen den gerade die Gewerkschaften zum Sturm geblasen haben.

Was ist ein polizeiliches Berufsbild?

Der Polizist ist laut Duden (1964) ein Beamter. Und Beamter sein heißt: einen Beruf haben. Schlägt man im gleichen Duden unter Beruf nach, findet man die Auskunft: »Ein Beruf ist die im allgemeinen nach einer entsprechenden Ausbildung ausgeübte Tätigkeit, durch die jemand seinen Lebensunterhalt verdient...«
Das besagt, daß der Beruf des Polizisten kein Sonderberuf, sondern ein Beruf wie jeder andere ist. Daß die Polizei dennoch nach einem eigenen Berufsbild sucht, hatte einerseits seine tieferen Ursachen in ihrer heute nicht mehr als vertretbar abzuleitende Herkunft und andererseits in einer total veränderten Gesellschaft, in der die Grundprinzipien von Ruhe und Ordnung keinen normativen Stellenwert mehr

besitzen. Die Gesellschaft hat sich verändert, und die Polizei ist die gleiche geblieben, auch wenn hier und da Anpassungen eingetreten sind. Sie ist, wenn man so will, ein uniformierter Anachronismus und darum ein »paradoxer Beruf«. Diese Bezeichnung stammt von Dr. Ulrich Sonnemann, der über das Verhalten der Polizei unter den sich heute darstellenden Gegebenheiten richtig folgert: »Wenn sie einfach sich so verhalten, wie man es von deutschen Polizisten jetzt auf keinen Fall erwarten wird, liegen sie richtig [27].«

Zwar verdient der Polizist seinen Lebensunterhalt (und die Verdienstmöglichkeiten sind nicht so schlecht wie oft dargelegt, wohl aber die Aufstiegschancen), aber die Verdienstbedingungen sind auf weiten Strecken nicht mehr zu vereinbaren mit seiner Vorstellung von dem, was ein Beamter zu tun hat. Um etwas mehr Licht in diese Behauptungen zu bringen, muß zunächst einmal der Versuch unternommen werden herauszufinden, wie sich die Polizei selbst begreift, wie sie sich sieht – über den Prügelknaben der Nation hinaus.

Wer sich der peinvollen Mühe unterzieht, einmal herauszufinden, was Polizei eigentlich ist, wird allein an der Fülle des gebotenen Materials erkennen, daß hier der »lange Marsch« durch die Bürokratie, durch den Dschungel von Wunschträumen und das Dickicht deutscher »Biermystik« (Hermann Glaser) beginnt.

Für den einen sind Polizisten »Hoheitsträger des Staates« [28], für den anderen sind Polizisten »sichtbarer Ausdruck der staatlichen Macht« [29]. Mal muß ihr Dienst »Vorrang vor dem persönlichen Interesse haben« [30], mal nimmt die Polizei »... bis zum letzten Wachtmeister herab tagtäglich hoheitliche Funktionen wahr« [31], mal soll sie »... Vorbild und Ärgernis, Heizer und geduldiger Förster sein« [32], ein andermal »... arbeitet sie um Selbstverständnis und bittet um Fremdverständnis« [33], und schließlich ist ihr »Tätigwerden ein Handeln am Menschen, und ihre Erziehung muß zur Kunst der Menschenbehandlung werden« [34].

Daß im besten Sinne des Wortes die Polizei »gesellschaftsfähig« sein muß, ist zwar eine Forderung der ÖTV und speziell ihres Vertreters Walter Mäckle, taucht aber, weil so

naheliegend, nirgendwo im Vokabular sonst oft recht brauchbarer Definitionen der Polizeioberen auf.
Das Berufsbild vom »Freund und Helfer« ist zwar nach Aussagen der GdP begründbar, selten aber erfüllbar, solange der Polizeibeamte eine »Vorpostenstellung« bezieht, solange die Polizei »ein Vorgesetztenproblem« ist und solange »die Rechtsgrundlagen unserer Polizei zwar rechtsstaatlich, nicht aber demokratisch durchgebildet« sind.
Diese Polizei, der man so oft nachsagt, es ginge ihr weniger um Recht denn um Rechthaberei, was also ist sie wirklich?
Sicher »eines von vielen Gliedern, die diesem Staate dienen« [35], und folglich ist »die Bewahrung und der Schutz des freiheitlich demokratischen Rechtsstaates die wichtigste Aufgabe für den Polizeibeamten« [36].
Denn noch bleibt der Beruf im Netz zahlloser Deutungen und Auslegungen so unverbindlich wie kaum ein anderer Beruf, was den Beamten auf der »unteren Ebene« – und diese tun am meisten Dienst – geradezu dazu zwingt, oft dilettantisch und unpräzise zu arbeiten oder aber mit dem schmerzenden »Befehlsstachel« (Elias Canetti) im Nacken den Ermessensspielraum so eng wie möglich auszulegen.
So kann man mit Werner Kuhlmann und Heinrich Krüger, dem mehrjährigen Leiter der ÖTV-Hauptverwaltung Polizei, nur sagen, was er zwar nicht ist, doch sein sollte: »Der Polizeiberuf ist ein Sozialberuf.«
Es gibt viele Stimmen bedeutender Männer, die sich wegen dieser mangelnden Sozietät über Deutschland beklagt haben. Es sind Klagen, die dieses Land treffen, weil seine Bürger und die für sie tätige Polizei einander bedingen und eben jenen Zustand schufen, von dem Robert Schuman einmal sagte, daß es aus menschlicher Sicht zu bedauern sei, »... mitten im Abendland ein Nachbarland zu haben, das allzu gerne bereit ist, die Freiheit als höchstes Gut des Menschen sehr leichtfertig gegen ein Mehr an Ordnung und Stärke einzutauschen. Diese typisch deutsche Eigenart löst aber erst dadurch so großes Unbehagen aus, daß es in Deutschland immer wieder staatliche Funktionäre gibt, die auf diesem Gebiet unerträglichen Übereifer entwickeln [37].«

Man wird das bestätigen können, nicht weil es ein bedeutender Mann sagte, sondern weil die Erfahrung jedem kritischen Beobachter die Schuppen von den Augen fallen läßt. Schließlich und endlich aber ist es ja gerade diese Zustandsbeschreibung, die die Suche nach einem neuen Berufsbild ausgelöst hat, an dessen Feststellung sich die Hoffnung knüpft, es möge eines schönen Tages anders werden, damit es in einem gesamteuropäischen Konzert (auch daran muß die Polizei der Zukunft denken!) keine Mißstände mehr gibt. Die Olympischen Spiele in München sollten für die Polizei eine Dauererwartung sein, ebenso wie für sie Demonstrationen und Streiks als Artikulation in der Freiheit nicht Ordnungswidrigkeit oder gar Revolution, sondern Ausdruck demokratischer Präsenz zu sein hat.
Die Polizei, die in diesem Sinne handeln soll – so formulierte es Hamburgs Innensenator Ruhnau –, »ist so gut, wie die Ausbildung, die sie erhält. Was in unsere Polizeiausbildung mehr hinein muß als in der Vergangenheit, das ist die Entwicklung und der Mut zum Gebrauch des gesunden Menschenverstandes ...[38].« Dieser gesunde Menschenverstand aber hat, wie sich erweist, gegenwärtig so gut wie keine Entfaltungschance, weil Polizeiexistenz heute nicht aufgebaut ist auf dem Prinzip des Mitdenkens, sondern nach den eingeschliffenen Verbindlichkeiten knochentrockener Institutionen.
Auf einer Arbeitstagung zum Thema »Probleme und Praktiken moderner Menschenführung«, die im Juni 1970 vom Polizeiinstitut Hiltrup bei Münster veranstaltet wurde, »legten Betriebspsychologen den versammelten leitenden Polizeibeamten nahe, die altgewohnte Befehlsautorität weitgehend einzuschränken und dafür ihre Mitarbeiter lieber anzuleiten und anzuregen«[39]. Sie sagten: »Wenn man den Beamten sinnvolle Aufgaben überträgt, wird ihre Leistungsbereitschaft und ihre Leistungsfähigkeit gefördert, denn bisher liegen – von Ausnahmen abgesehen – bestenfalls Bilder durchgängiger Frustration in diesem Beruf vor.«
Es muß allerdings darauf hingewiesen werden, daß für Ausbildung und Auswahl von Polizeibeamten wenig konkrete

Hinweise von den Betriebspsychologen dargelegt worden sind. Dennoch zeigte auch diese Begegnung, daß viele Inhaber leitender Polizei-Positionen wenig geneigt waren, althergebrachte Autoritätsvorstellungen zugunsten eines modernen Berufsbildes ihrer Polizei preiszugeben. Als Hauptmerkmale solcher – nach ihrer Meinung unentbehrlichen – Autorität bezeichneten sie irrationale, formale oder funktionstechnische Werte wie Glaubwürdigkeit, Objektivität, Können, Kontaktfähigkeit. Keiner der Teilnehmer jedoch ging präzise der Frage nach, ob es nötig sei, daß Vorgesetzte die Anordnungen, die sie erteilen, denen gegenüber begründen, die sie ausführen sollen. Allerdings wurde viel davon gesprochen, daß es empfehlenswert wäre, den Untergebenen die Entscheidungen von Vorgesetzten transparent zu machen. Doch als Grundlage für solche Mitteilungen wurden bestenfalls periodische Begegnungen von übergeordneten und untergeordneten Beamten vorgeschlagen, Sprechstunden der leitenden Herren für die Geleiteten, die bei dieser Gelegenheit ihre Sorgen, Zweifel, möglicherweise auch etwas Kritik vortragen dürften.

Als normales Modell für die Kommunikation zwischen Übergeordneten und Untergeordneten schlug der Schutzpolizeidirektor einer westfälischen Provinzstadt unter dem Arbeitstitel »Freier Zugang zum Vorgesetzten« u. a. vor:

»Bei Vorsprachen aus dienstlichem Anlaß ist der Dienstweg einzuhalten. Dabei sind die Gründe für die Vorsprache dem ›Zwischenvorgesetzten‹ mitzuteilen. Der Vorgesetzte ist gehalten, den ›Zwischenvorgesetzten‹ hinzuzuziehen oder ihn über den Inhalt des Gesprächs zu informieren. Bei Vorsprachen aus privatem Anlaß ist der ›Zwischenvorgesetzte‹ zumindest über die Tatsache der Vorsprache zu informieren.«

Die meisten leitenden Amtsträger der Polizei, die an der Arbeitstagung in Hiltrup teilnahmen, stimmten mit den Betriebspsychologen lediglich in der allgemeinen, formalen und unverbindlichen Auffassung überein, daß auch die Qualität von hochgestellten Beamten an ihren Leistungen gemessen werden sollte. Mit konkreten Inhalten wurde diese Leistungsanforderung nicht verbunden.

Den reformfreudigsten Beitrag lieferte der Wiesbadener Polizeipräsident Dr. Karl Ender mit einem Referat über eine ebenfalls vom Leistungsprinzip bestimmte Neuordnung der dienstlichen Beurteilungen von Polizeibeamten. Aus diesem Vortrag wurde dann das »Wiesbadener Modell« entwickelt, das folgende Reformforderungen enthält:

1. Soll das Beurteilungsverfahren für alle Betroffenen vollständig durchschaubar sein.
2. Sollen alle Beurteilten fortlaufend darüber informiert werden, wie ihre Leistungen beurteilt werden. Was Vorgesetzte an den ihnen unterstellten Mitarbeitern bemängeln, sollen sie diesen mitteilen, sobald sie zu solchen Urteilen veranlaßt werden.
3. Die Beurteilungen werden von einer Kommission erarbeitet, der jeweils der leitende Beamte des betreffenden Amtsbereichs, der Leiter einer ähnlichen Dienststelle und ein vom Beurteilten selbst ernannter Beamter angehört.
4. Dem Beurteilten soll das Recht gegeben werden, der Kommission seine von ihrem Urteil abweichenden Vorstellungen darzulegen.
5. In den Beurteilungen sollen vorwiegend Leistung und Verhalten des Beurteilten, aber auch sein Dienst- und Lebensalter berücksichtigt werden – und zwar mit numerischen Bewertungen, die elektronischer Datenverarbeitung zugänglich sind. Charaktereigenschaften sollen nicht mehr beurteilt werden, weil sie sich rationaler Würdigung weitgehend entziehen.
6. Die Beurteilungen sollen gegliedert werden in drei Gattungen, nämlich: in periodische Einschätzungen, die als Grundlage für Beförderungen, Heranziehung der Beurteilten für besondere Aufgaben und Versetzungen gedacht sind; in Bedarfseinschätzungen, die nur für wenige Ausnahmefälle vorgesehen sind, über deren Ausarbeitung der Behördenleiter entscheiden muß; in fachdienstliche Begutachtungen, mit denen – als Ergänzung der periodischen Einschätzungen – Eignung und Leistung von besonders ausgebildeten, ausgewählten und geprüften Spezialisten eingeschätzt werden sollen.

Berichte darüber, welche Wirkungen mit dem Wiesbadener Reformmodell dienstlicher Beurteilungen von Polizisten erreicht wurden, liegen bisher nicht vor. Doch die Ziele dieses Konzepts machen erkennbar, daß Polizisten im größten Teil der Bundesrepublik bis heute mit Verfahrensweisen und nach Maßstäben beurteilt werden, die vom Obrigkeitsstaat hergerichtet und geprägt wurden[40].«

So ist es nicht verwunderlich, daß die Gewerkschaft der Polizei angesichts dieser katastrophalen Situation zu Beginn der siebziger Jahre einen über 60 Druckseiten umfassenden Polizei Notruf ausstieß. Es handelt sich dabei um »eine Untersuchung über die Situation der Schutzpolizei in der Bundesrepublik Deutschland«. Einleitend schreibt der Vorsitzende der Gewerkschaft, Werner Kuhlmann:

»Das Wort von der Bildungskatastrophe ist ins öffentliche Bewußtsein gedrungen. Konzeptionen zur Bewältigung des Bildungsnotstandes sind vorgelegt, werden diskutiert, zum Teil auch praktiziert. Es geschieht etwas. Politiker engagieren sich. Es gibt weitere Beispiele. Genannt seien: Umweltschutz, Wohnungsbau, Krankenversorgung, Mitbestimmung, Vermögensbildung. Auch Sicherheit ist in aller Munde. Verkehrstod und Kriminalität bedrohen den Menschen. Schutz vor dem Unfalltod, Schutz vor dem Verbrechen stehen in der Bedürfnisskala der Bevölkerung obenan. Politiker wissen das. Sie versprechen Sicherheit, besonders im Wahlkampf. Versprochene Sicherheit weckt Hoffnungen (bringt auch Stimmen), ist aber noch keine Konzeption.

Konzeptionen, wie Sicherheit unter den Bedingungen der Gegenwart garantiert werden kann, sind nicht vorhanden. Wie es tatsächlich um die Sicherheit bestellt ist, unter welchen Bedingungen, mit welchen Mitteln Sicherheit gewährleistet werden kann (und gewährleistet werden soll), ist nicht klar.

Wo Analysen fehlen, gibt es keine Konzeption, wo Konzeptionen fehlen, geschieht nichts. Das können wir uns nicht leisten, nicht mehr leisten. Es muß etwas geschehen.«

In diesem »Notruf« nun wird das Berufsbild wie folgt definiert:

»Das Berufsbild ist schlechthin Inhaltsbeschreibung eines abgrenzbaren Betätigungsfeldes innerhalb der Arbeitswelt. Maßgebend sind überwiegend äußere Bedingungen, nämlich typische Fertigkeiten und Kenntnisse, aber auch die soziale Bedeutung, die bei öffentlichen Berufen entscheidet. In beamtenrechtlichen öffentlichen Dienstverhältnissen wird der Berufsinhalt in Verwaltungsvorschriften und Rechtssätzen beschrieben. Zum Berufsbild des Polizeibeamten gehören typische Rechts-Organisationsprinzipien [41].«

Wenn dem so ist, warum, so wird man fragen müssen, wird nach einem Berufsbild gesucht, das doch auch juristisch eindeutig ausdiskutiert und definiert zu sein scheint? Kann hier nicht die Suche nach dem Berufsbild möglicherweise romantische Sehnsüchte anderer Art verschleiern (was den Gewerkschaften gewiß nicht unterstellt werden darf), oder wird bewußt gegen eine derart gesicherte Berufsfunktion in unzumutbarer Weise verstoßen, oder aber liegt es an dem »Schlendrian«, von dem Theodor Eschenburg im Zusammenhang mit dem Walten und Wirken unserer Bürokratie gesprochen hat? Möglich, daß alle drei Komponenten zusammen mit einer föderalistisch bedingten Entscheidungsunlust oder -unfähigkeit (wobei der Föderalismus stets als Sündenbock herhalten muß!) zusammenwirken und das feingesponnene Netz so eng geknüpft haben, daß es zu nichts mehr taugt und zur »Wattewand« (Hermann Glaser) geworden ist. Wie auch immer es sein mag, der Polizist ist eingekeilt zwischen einem unangepaßten Weisungssystem und einem jeder Reglementierung sich widersetzenden »pluralistischen Alltag«.

Und dieses Handeln nach Weisungen einerseits und das »Operieren« nach Erfordernissen auf der anderen Seite schafft auf die Dauer die nun weitverbreitet zu beobachtende mißmutige Wesenskontur in der Polizei. Denn: »Extensive Inanspruchnahme des Weisungsrechts führt zu einem Streßverhältnis gegenüber dem (persönlich noch bekannten und gegenüber dem anonymen, weil ganz oben wirkenden) Vorgesetzten, der vermöge einer ungenauen Pflichtenbeschreibung im Beamtenrecht schon geringe Abweichungen vom vorgeschriebenen Verhalten zu disziplinieren vermag. Besonders der Handlungsspielraum der Schutzpolizeibeamten (und sie stellen die Mehrzahl) wird durch enge Bindung an Normen und durch eine Unzahl von Vorschriften (Reglementierungen) eingeengt. Die Entwicklung eigener Initiativen wird (dadurch) erschwert, (und) das drückt Leistungsbereitschaft und Leistungsfähigkeit [42].«

Auf diesen Umstand angesprochen, sagte Dr. Manfred Schreiber, Münchens Polizeipräsident:

»... Der Polizeibeamte ist eingeengt durch die sehr straffe und durch die sehr exakte Fassung der Gesetze. Es gibt Recht und es gibt Unrecht, aber die feinen Zwischentöne, die einfach zwischen Recht und Unrecht beheimatet sind, berücksichtigt unser Römisches Recht im Gegensatz zum Common Law, dem Angelsächsischen Recht, nicht ausreichend. Und so geht es uns wie den amerikanischen Polizeibeamten, die sich ein bißchen mehr starke und bindende Rechtsnormen wünschen, also mehr vom Römischen Recht, und unsere Beamten wünschen sich etwas mehr vom Common Law, das dem einzelnen Polizeibeamten mehr Flexibilität ermöglicht [43].«

Dieser Umstand macht das Polizei-Bürger-Verhältnis auf die Dauer zu einem »Sparringsverhältnis«, aus dem sich die Abhängigkeiten automatisch und nicht sozial entwickelt haben. Aber es schlägt sich auch im Betriebsklima der Polizei nieder, denn extensive Reglementierung führt sowohl zur Entpersönlichung zwischen dem Schutzpolizisten und dem Bürger als auch zur Entpersönlichung des Polizisten gegenüber seiner verordnenden Instanz, für die er nur noch mechanischer Exekutor sein kann, respektive sein soll.

Tradiertes Ideal, so meinen die Verfasser des Notrufs, sei nicht der Infragestellende, sondern der bequeme, als Instrument zu gebrauchende (und zu mißbrauchende) Polizeibeamte, den es aber nicht gäbe [44]. Doch letzteres ist nicht nur zu bezweifeln, sondern als unzutreffend erwiesen. Droben hängen die Ideale, aber drunten kann es brutal »zugehen«.

Fragt man Polizeibeamte, welches denn ihr Berufsbild sei, erhält man keine befriedigende Antwort. »Aufrechterhaltung von Ruhe und Ordnung« ist meistens die von ihnen gebrauchte und oft auch schon von ihnen als Klischee durchschaute Formel. Aber ganz abgesehen davon erteilen Beamte der meisten Sparten grundsätzlich unverbindliche Auskünfte gegenüber allem, was sich als Öffentlichkeit zu erkennen gibt. Natürlich sind mit solchen Auskünften nicht die Antworten auf die Frage etwa nach einer Verkehrsumleitung gemeint, sondern Fragen nach Verhaltensweisen, die für die meisten Bürger oft »ein böhmisches Dorf« sind. Dem Begriff Öffentlichkeit sind auch die Journalisten zuzuordnen, denen gegenüber ohnehin eine mimosenhafte Empfindlichkeit, Hilflosigkeit, Scheu oder Mißtrauen entgegengebracht werden. Es ist nicht übertrieben, hier von einer geradezu programmierten Kommunikationsunlust zu sprechen.

Eben weil »ein Befehlsempfänger nie in die Lage versetzt wird, Verantwortungsfreudigkeit (und Offenheit) zu zeigen, denn ihm ist alles bis ins letzte befohlen, wird er, auf sich gestellt und ohne Befehl gelassen, kläglich versagen« [45]. Also ist unsere Polizei weitestgehend noch immer eine Gruppe, von der man sagen kann, daß sie infolge ihrer Destinationen einen Galeerengeist entwickelt, der zwar das Schiff, auf dem sie angeschmiedet sind, zu bewegen vermag, aber der Zugang zur Öffentlichkeit bleibt ihr verbaut. Sie verhält sich in der Tat so, wie es ihrer Ausbildung nach folgerichtig ist, nämlich so, »als spiele sich ein großer Teil ihrer Tätigkeit im geschlossenen Verband ab« [46].

Klipp und klar sagte zum Berufsbild auch Heinrich Krüger: »Es gibt kein Berufsbild der Polizei. Eine Begründung – neben anderen – ist in den erheblich voneinander abweichenden Rechtsverhältnissen der Bundesländer zueinander zu suchen. Das fängt mit der Ausbildung an (mit den unterschiedlichen Ausbildungsinhalten, mit der Ausbildungsdauer), und das setzt sich bis in die Laufbahngestaltung ... hinein fort. Es gibt ja keine klaren Vorstellungen darüber, welche Rolle die Polizei in unserer Gesellschaft zu spielen hat und welche Position sie im politischen Leben einnimmt.

Wir wissen nicht, wie sie in der Strafrechtspflege zu funktionieren hat, und es besteht auch keine klare Vorstellung

darüber, welche Funktion die Polizei auf dem Gebiet der Sicherheit besitzt.
Wir wissen auch nicht, wie die Vorbildung eines künftigen Polizeibeamten von der Schulbildung her gesehen wird, und darauf basiert z. B. auch die Tatsache, daß in den Ländern über die Ausbildung der Polizei so unterschiedliche Vorstellungen bestehen [47].«

»Die Ursachen liegen in verschiedenen (hier nicht näher zu definierenden) Komponenten, aber die Schuld hat in erster Linie das System, die Polizei selbst, und auch die Bürger sind nicht schuldlos [48].« Das aber ist nur eine Randerscheinung, die im Zuge einer Reform genauso eliminiert werden kann wie das eigenartige Abhängigkeitsverhältnis zwischen Polizisten und Staatsanwälten. Für uns bleibt wichtig, den Gesamtzustand zu prüfen, der die Berufsbildbestimmung verhindert.

Es lohnt, in diesem Zusammenhang Hamburgs Innensenator Heinz Ruhnau zu zitieren, der 1970 in einem Referat in Loccum ziemlich ungeschminkt den schon bekannten Umständen mehrere neue hinzufügte:

»Wir müssen offen sagen, das kann man auch gar nicht beschönigen, daß wir nach dem Zweiten Weltkrieg neu angefangen haben, aber zum größten Teil mit den alten Regeln.
Und dieser Widerspruch zwischen dem neuen Anfang und den alten Regeln hat sich in vielen gesellschaftlichen Bereichen dann auch sehr bald gezeigt. Wir müssen die Voraussetzungen dafür schaffen, daß die Polizei demokratisch handeln kann. Und wir dürfen nicht zulassen, daß politische Versäumnisse auf dem Rücken der Polizeibeamten ausgetragen werden.
Manche von uns sind gegenseitig in Konflikt gekommen, und zwar zum Teil deshalb, weil wir Gesetze haben, von denen jeder hinter der vorgehaltenen Hand gesagt hat, sie müßten eigentlich reformiert werden.
Und dann überließen wir es dem letzten Polizeibeamten, auf seine Art und Weise mit der Reform fertig zu werden. Nach einiger Zeit taten wir das auch, handelten dann aber eigentlich gegen das bestehende Gesetz.

Und wenn es tüchtige Staatsanwälte gab, fanden diese dann auch schnell heraus, daß dort eine Begünstigung im Amt im Gang sei.
Ich persönlich bin der Meinung, wir sollten nicht den Versuch unternehmen, alles perfektionistisch bis zum Ende zu regeln. Und ich glaube auch, daß wir einen Versuch unternehmen müßten, nicht jeden Verstoß gegen das Versammlungsgesetz als Straftat zu bezeichnen. Ich finde das unsinnig. Für mich ist das Sitzen auf einer Straßenkreuzung nichts anderes als falsches Parken. Dies geht zwar nicht, denn Ordnung muß auch sein, andere Leute wollen nach Hause; aber was das mit Straftat zu tun hat, das habe ich bis zum heutigen Tag nicht ergründen können.«
Man darf übrigens in diesem Zusammenhang eine Rivalität zwischen Schutz- und Kriminalpolizei nicht außer acht lassen. Tun die einen in Revieren und auf der Straße uniformiert ihren Dienst, wirken die anderen im stillen und zivil, ausgestattet mit allem Respekt, zu dem ihnen unter anderem die Medien verhalfen, indem sie sie mediengerecht präparierten. Beide haben natürlich über die Sicherheit der Bürger zu wachen, beide haben deren Schutz zu garantieren und Verbrechen sowohl zu verhüten als auch aufzuklären, aber beide werden dennoch mit sehr unterschiedlichen Ellen gemessen.

Eine unveröffentlichte Problemstudie

Im Jahre 1965 sind während ihrer Dienststunden etwa 200 Beamte befragt worden. Die Befragung wurde unter strikter Wahrung der Anonymität vorgenommen. Die Beamten standen also während der Befragung unter normalem Auftragsdruck, Stimmung und Abhängigkeiten in diesem Beruf wurden unter optimalen Bedingungen ermittelt.
Dabei stellte sich heraus, daß die Hälfte der Beamten eine signifikante Berufsunzufriedenheit eingestand. Diese sowohl hinsichtlich des beruflichen Fortkommens (nur etwa 10 Prozent aller Schutzpolizeibeamten erreicht die gehobene Laufbahn) als auch hinsichtlich der Tätigkeit selber. Die

untersuchenden Soziologen und Psychologen kamen zu dem für eine künftige Einstellung zu beachtenden Schluß, daß »unabhängig von anderen Berufsbedingungen daher von einem Bewerber für den Polizeiberuf zu fordern wäre, daß er gegenüber negativen Erfahrungen widerstandsfähig ist und sein inneres Gleichgewicht zu wahren weiß. Über die Widerstandsfähigkeit des Bewerbers gegenüber Enttäuschungen (Frustrationstoleranz) sollten daher Voraussagen ermöglicht werden, um Personen mit extremer Labilität vom Polizeidienst fernhalten zu können. Dies gilt auch im Hinblick auf die Zusammenarbeit mit Vorgesetzten, deren Führungsverhalten häufig beim Untergebenen mehr Stabilität vorauszusetzen scheint, als tatsächlich vorhanden ist [49].«

Um Mißverständnisse auszuschließen, muß darauf hingewiesen werden, daß der Ausgangspunkt der Studie nicht die Untersuchung der Berufsbedingungen gewesen ist, sondern lediglich die Reaktion der Berufsabhängigen auf die gegebenen Bedingungen. Daraus können natürlich Schlüsse auf die Qualität ebendieser Bedingungen gezogen werden, denn sie sind ja die Voraussetzung für ein Berufsbild, was folgendes Untersuchungsergebnis deutlich machen kann:

»Der Polizeibeamte hat wenig Möglichkeiten, Bestätigung für gute Leistung zu erhalten. Dies scheint teils durch das Führungsverhalten der Vorgesetzten und teils durch die Art der polizeilichen Tätigkeiten bedingt zu sein. Denn die beruflichen Funktionen finden nur selten einen nachweisbaren Niederschlag in Form handgreiflicher Beweise. Daher wäre von einem Bewerber für den Polizeiberuf zu fordern, daß seine Leistungsmotivation nicht auf konkrete Leistungsnachweise gerichtet ist, sondern vielmehr auf Funktionserlebnisse, die auch unabhängig vom Führungsverhalten des Vorgesetzten wahrgenommen werden können [50].«

Für die Auswahl der Bewerber sollte also berücksichtigt werden, daß Voraussagen über seine Leistungsmotivation vor der Einstellung gemacht werden können. Als Leistungsmotivation – so versteht sich am Rande – können nicht etwa die Worte »Ich bin Beidhandschütze« [51] gelten, mit denen sich ein Mann bewarb, sondern es handelt sich um Aussagen über die soziale Anpassung und über das Kontaktverhalten eines Bewerbers. Damit sollten solche Personen vom Polizeidienst ferngehalten werden, »die erkennbar dazu tendieren, sich in der Polizei als einer ›privilegierten Minderheit‹ abzukapseln«[52].

Wie dieses Gefühl bei jungen Menschen, nämlich privilegiert zu sein, abgebaut werden kann, wenn es anläßlich des eigentlichen Starts in den Beruf gezüchtet wird, das fragen sich allerdings zu Recht die Protagonisten einer modernen Polizei. Heinrich Krüger verweist in diesem Zusammenhang auf ein oft gepflegtes Ritual gerade bei Vereidigungen oder ersten Belehrungen neu eingestellter Polizeibeamter, das unverändert die Sonderstellung hervorheben soll: »Mit dem heutigen Tag Ihres Eintritts in die Polizei beginnt (für Sie) ein neuer Lebensabschnitt, ab heute sind Sie Beamter, und dabei müssen Sie sich bewußt bleiben, nicht nur Beamter, sondern Polizeibeamter zu sein!«

Sätze, so Krüger, mit denen schon vor Jahrzehnten junge Männer in ihren Beruf eingewiesen wurden und die vielen Polizeiangehörigen suggerieren, sie hätten nunmehr in der Gesellschaft eine Sonderstellung gewonnen und also auch zu beziehen, was freilich dem dünkelhaften Hang zu »verschworenen Gemeinschaften« in diesem Land entgegenkommt.

Außerdem ist das besondere Verlangen, »sich seiner Funktion als Polizeiführer würdig zu erweisen« (eine oft verwendete Lehrgangsformel), schließlich auch nicht anders auszulegen als eine Erweiterung des in der Polizei kultivierten unzeitgemäßen Standesbewußtseins. Gerade Art und Weise der Vereidigung werden in keinem anderen Zweig des Berufsbeamtentums, dem militärischen Ritual vergleichbar, behandelt.

Ein weiterer Gesichtspunkt der genannten Untersuchung verrät die vorherrschend strenge Bindung der Polizeibeamten an das Gesetz und seinen Wortlaut. Die Wissenschaftler sehen in jenen, die sich derart gebunden oder angebunden fühlen, die Ursache für die Förderung einer starken »Leit-

bildgruppe«, die auch durch das Beamtenrecht noch gefördert wird. Da eine solche Bindung unter normalen Lebensbedingungen und in allen Situationen nicht prinzipiell realisiert werden kann, entsteht nach Auffassung der Soziologen ein Mißverhältnis zwischen streng gesetzesgebundenem und weniger streng gebundenem Verhalten, auch im Rahmen des gesetzlich noch zulässigen Spielraums.
Diese Bindung führt – wie die Untersuchung ausweist – insbesondere bei solchen Personen zu sozialer Isolierung und Unangepaßtheit, die dazu neigen, auf Menschen und Sachverhalte nicht situationsgemäß, sondern nach den Maßstäben ihrer Wertvorstellungen zu reagieren. Eine damit im Zusammenhang stehende Ablehnung von allem, was nicht den Wertmaßstäben dieser Polizisten entspricht, ist oft zu beobachten und als autoritäre Reaktion zu definieren. Darum fordert die Studie: vom »Bewerber für den Polizeiberuf muß erwartet werden, daß er ein gewisses Maß der Unabhängigkeit von autoritären Reaktionen besitzt« [53].
Reduziert man die gesamte Untersuchung auf die in diesem Zusammenhang wichtigen Ergebnisse, so bestätigt sie, daß jeder zweite Befragte »zumindest latent und allgemein« unzufrieden ist. Und es nimmt nicht wunder, daß die gesamte Gruppe der Unzufriedenen auch ihren Vorgesetzten gegenüber eine ausgesprochen kritische Position bezieht. So empfindet weit über die Hälfte der Befragten Vorschriften und Vorgesetzte als einengend und die Arbeitsbedingungen als Widerstand im Entfaltungsbereich der gewünschten beruflichen Tätigkeit. Als positive Generalnenner der Studie haben sich die »individuellen Abwechslungsbedürfnisse«, denen der Beruf entgegenkommt, und eine gewisse »Selbständigkeit« herauskristallisiert.
Interessant ist auch, daß sich eine auffällige Zahl der Befragten spontan selbst bescheinigte, »sie seien anders als der normale Bürger«. Mit diesem Anderssein kann natürlich nur »besser« gemeint sein; aber der Hinweis, daß dies doch ein recht bedenkliches Elitebewußtsein sei, wird von den untersuchenden Soziologen und Psychologen bestritten. Für sie stellt sich dieses »Anderssein« als ein »mit der Ein-

stellung der Polizeibeamten zu den Gesetzen« zusammenhängendes Gesamtverhalten dar.
Für insgesamt ein Drittel der befragten Polizeibeamten gelten nach den Befragungsergebnissen sehr strenge Maßstäbe von Recht und Unrecht. Auch in ihrem privaten Leben bekennen sie sich zu diesen Maßstäben. Sie übertragen dieses Verhalten naturgemäß und »pflichtgemäß« auf die Bevölkerung und lassen folglich einen nur sehr engen gesetzlichen Spielraum gelten. Darum folgert die Studie, »daß diese Polizeibeamten nach und nach zu einer aggressiven Einstellung (gegenüber der Bevölkerung) kommen«[54].
Den Polizeibeamten im Sinne eines einheitlichen Typus von Männern mit nahezu identischen Verhaltensweisen gibt es also nicht, und ihn wird es nicht geben. Das ist eine beruhigende Gewißheit. Wie in allen Berufen sind auch in der Polizei die divergierendsten Auffassungen zu Staat, Gesellschaft und allen sie bestimmenden Faktoren zu finden.
Die Soziologin Liselotte Hintz kam ihrerseits nach einer Befragung von 170 Polizeibeamten der Stadt Frankfurt (1968) zu Ergebnissen, die diese Auffassung bestätigen. Werner Hill und Bernt Richter haben in einer Rundfunkdokumentation »Polizei in der Demokratie«[55] sehr wesentliche Passagen der Hintzschen Untersuchung[56] verwendet und damit einem breiten Publikum zugänglich gemacht. Hier die in unserem Zusammenhang wichtigen Resultate: 40 Prozent der Befragten waren vorher Facharbeiter, annähernd 26 Prozent Angestellte und 17 Prozent Schüler. Etwas mehr als 22 Prozent der Befragten hielten das Ansehen ihres früheren Berufs für größer, annähernd doppelt so viele hielten es für geringer, 14 Prozent waren der Meinung, als Polizisten etwa das gleiche Ansehen zu genießen wie in ihren früheren Berufen. Auf die Frage, ob sie, falls sie jetzt noch einmal einen Beruf wählen könnten, wieder zur Polizei gehen würden, antworteten etwas mehr als 52 Prozent mit »Ja«, 40 Prozent mit »Nein«.
Auf die Frage »Wie kommen Sie mit Ihrem Gehalt aus?« gaben annähernd 29 Prozent der Befragten die Auskunft »gut«. 48 Prozent erklärten, sie kämen so einigermaßen

aus, und nahezu 22 Prozent teilten mit, sie kämen schlecht zu Rande.

Auf die mit sechs Möglichkeiten einer Antwort verbundene Erkundigung, was sie von den Gewerkschaften hielten, erklärten sich 30 Prozent der Befragten einverstanden mit dem Antwort-Vorschlag:

»Gewerkschaften vertreten zugleich mit den Interessen ihrer Mitglieder auch ein Interesse der Allgemeinheit.«

Die relative Mehrheit von 40 Prozent entschied sich für die Auffassungsvariante: »Starke Gewerkschaften sind für den Bestand der Demokratie unentbehrlich.«

Etwas mehr als 16 Prozent stimmten der Einschätzung zu: »Gewerkschaften sind bloße Interessenverbände, die sich sachfremde Aufgaben anmaßen.«

Etwas mehr als 12 Prozent akzeptierten diese Lesart ohne den Zusatz, daß sich die Gewerkschaften sachfremde Aufgaben anmaßten. Weder die Einschätzung, Gewerkschaften seien überholt und hätten ihre Aufgabe erfüllt, noch die Meinung, Gewerkschaften seien von jeher überflüssig gewesen und hätten nur Unfrieden in den Staat gebracht, wurde von irgendeinem der Befragten befürwortet.

Für die Erwägung, daß auch Polizeibeamten das Recht zum Streik oder zu ähnlichen Mitteln des Arbeitskampfes gewährt werden solle, sprachen sich annähernd zwei Drittel der Befragten aus; etwas mehr als ein Drittel lehnte solche Erwägungen ab.

Die These, der Polizeidienst sei nur aufrechtzuerhalten, wenn jeder Beamte Gesetze und Vorschriften in allen Einzelheiten genau befolge, akzeptierten annähernd zwei Drittel der Befragten; ein Drittel lehnte diese Auffassung ab. Doch annähernd zwei Drittel erklärten, ein Polizeibeamter müsse Gesetze, die er für verfassungswidrig halte, nicht befolgen, während nahezu ein Drittel meinte, daß Polizisten sich auch nach solchen Gesetzen richten müßten.

Die Erkundigung nach dem Grad ihres Interesses für Politik beantworteten 70 Prozent mit der Angabe, sie interessierten sich sehr dafür; 22 Prozent gaben an, sie interessierten sich etwas dafür; annähernd 5 Prozent erklärten, sie hätten da-

für wenig übrig, und nur annähernd 2 Prozent verneinten jegliches Interesse an Politik.
Auf die mit insgesamt neun – gegebenenfalls kombinierbaren – Optionsmöglichkeiten ausgestattete Frage, wer zuviel und wer zuwenig politischen Einfluß habe, äußerten mehr als drei Viertel die Meinung, die Industrie habe zu viel Einfluß; mehr als die Hälfte hielt den Einfluß der Kirchen für zu groß; fast 57 Prozent fanden den Einfluß der Beamten zu gering.
Zu annähernd 60 Prozent befürworteten die Befragten die Meinung, Polizeibeamte sollten möglichst nicht entschiedene Anhänger einer Partei sein. Nahezu 40 Prozent hatten gegen ein solches Engagement nichts einzuwenden. Die Frage, ob Gruppen- und Verbandsinteressen dem Allgemeinwohl bedingungslos untergeordnet werden sollten, beantworteten nahezu drei Viertel der Befragten bejahend.
Mit anderen Worten: »Polizeibeamte sind in der Mehrheit zwar für politische Probleme aufgeschlossen, und auch bereit, ihre besonderen beruflichen und gesellschaftlichen Interessen wahrzunehmen, doch zu einer allgemeinen Anerkennung pluralistischer, politischer Willensbildung sind die meisten noch nicht bereit. In der Mehrheit setzen sie lieber auf die Autorität von angeblich überparteilichem Beamtengeist oder Expertenverstand und behalten traditionelle Vorstellungen von Allgemeinwohl bei. Nicht wenige befolgen auch verfassungswidrige Gesetze und Vorschriften.
Diese noch weitgehend formale und unverbindliche Auffassung von politischer Willensbildung, diese Ablehnung von Konkurrenz, Kontroverse und Konflikt werden gefördert und geschützt durch den hierarchischen Aufbau der Polizei: durch die starre Überordnung derer, die Anordnungen erteilen, über diejenigen, die sie ausführen [57].«
Alles in allem aber vermitteln die Studien, so interessant sie auch sind, doch nur das Bild von einer durchaus heterogen strukturierten Berufsgruppe, die auf »gut Glück« zu operieren gezwungen ist. Denn wenn ein leitender Polizeibeamter sich gezwungen sieht zu sagen, daß »... der dialektische Prozeß zwischen scheinbar traditionsgebundenen

und bewußt reformerischen Kräften in der Polizei spürbar (ist), ohne daß bisher ein gültiges Modell von irgendeiner Seite vorgelegt wurde...«[58], dann ist das eine Bankrotterklärung.

Während Gesteinsproben auf dem Mond gesammelt werden, während der Straßenverkehr in unseren Städten Ampeln und Polizisten gleichermaßen außer Kraft setzt, während die Justiz sich bereits mit den Rechtsgrundlagen für Organverpflanzungen auseinandersetzt und unsere Flüsse und Seen – ganz entgegen der Ordnung – sich zu Kloaken verwandeln, zwingen antiquierte »Kommandeure« jungen Polizeinachwuchs in ein Drei-Klassen-System, in dem Geräte zu Tode »gepflegt« werden, in dem Putz- und Flickstunden, Reinigung der Reviere, Appelle aller Art, Waffenpflege und Grußpflicht noch zur Gesetzmäßigkeit des Verbandes in der Bereitschaftspolizei gehören. Dabei ist klipp und klar gesagt und jedermann in der Polizei weiß, daß »die bewußtseinsmäßige Anbindung der Polizei – besonders der Schutzpolizei – an die Ordnungsfunktion, die heute tatsächlich schon aus Sachzwängen weit hinter der Sicherheitsfunktion zurückbleibt, Mitursache für eine gewisse soziale Isolierung der Polizeibeamten ist... Der soziale Status besonders der Schutzpolizei bleibt hinter ihrer sozialen Funktion zurück, im Bewußtsein der Schutzpolizeibeamten weiter als tatsächlich. Aber dieses Bewußtsein entscheidet. Es schwächt das Selbstwertgefühl, das die Angehörigen einer sozialen Institution brauchen, um volle Wirksamkeit zu entfalten[59].«

Eine Zusammenfassung wäre angebracht, doch soll hier gleichsam als solche der Präsident des Bundeskriminalamtes, Horst Herold, zu Wort kommen, der als ehemaliger Polizeipräsident der Stadt Nürnberg jene Erfahrungen gesammelt hat, von denen Soldaten sagen, nur ein »Frontschwein« sei in der Lage, sie zu machen. Erfahrungen, die Selbstverständnis und Berufsbild sinnvoll integrieren:

»In der Institution der Polizei reflektieren sich wie in einem Hohlspiegel die bestehenden gesellschaftlichen Entwicklungen, Widersprüche, Ungereimtheiten und Gefahren, aber auch zweifellos gegebene Chancen. Dabei ist die Polizei in zweifacher Richtung einer Zwangslage ausgesetzt. Von Gesetzgebung und Verwaltung ständig von Gesetzen und Normen überstülpt, die ohne ihre fachliche Konsultation zustande kommen, die Wirklichkeit nicht treffen oder unpraktikabel sind, die dennoch aber zu ›vollziehen sind‹, wird die Polizei in einer konfliktsträchtigen Rolle festgehalten. Eine nicht begreifen wollende Verwaltung sieht die Polizei als meinungslos, automatenhaft reagierendes Instrument, das einer Marionette gleich auf Knopfdruck bewegt und verschoben werden kann. Andererseits nimmt die Entfremdung zu Trägern der kritischen Öffentlichkeit zu, die die Polizei als eine Art Reserve-Armee für den inneren Gebrauch betrachten, als personifizierte Staatsgewalt und ›Machtinstrument der Herrschenden‹, als Wahrer von (oftmals brüchig gewordenen) Traditionswerten, kleinbürgerlichen Schichten entstammend, ohne gesellschaftliches Bewußtsein und psychologische Reife, unfähig, sich elitärer Intelligenz zu stellen. Von den Massenmedien vielfach diffamiert und mit denen, die in der Polizei den Staat bekämpfen, durch eine Art sportjournalistische Berichterstattung auf eine Stufe gestellt, breitet sich in der Gesellschaft eine uninteressierte, indifferente Passantenmentalität aus, die bereit ist, selbst Delikte zu tolerieren, wenn sie sich nur etwa im weitesten Bereich der Hochschule ereignen oder politische Motive aufweisen. Es würde von einem Mangel an Vorstellungskraft zeugen, wenn Entwicklungen in Amerika, Frankreich und Italien, wo der Polizei bereits Abneigung und Verachtung, ja Haß begegnen, in der Bundesrepublik für unmöglich gehalten würden. Im Umbruch der Zeit zutiefst verunsichert, sucht die Polizei nach einem neuen beruflichen Leitbild, nach langfristigen Konzeptionen, sie ist sogar bereit, in begrenztem Umfange Strategie und Taktik ihrer Gegner zu übernehmen, sich als mit höchst wachem Bewußtsein ausgestattet darzustellen, um mit Hilfe der Gesellschaft ihre Probleme zu lösen, die im Grunde solche der Gesellschaft sind.

Indessen will unsere Gesellschaft in Ruhe gelassen werden, sie neigt allenfalls einem »law and order«-Denken zu, ihr mehrheitliches Bewußtsein wird von der Konsumorientierung und bewußter Distanz zu gesellschaftlichen Fragen geprägt. Der Weg der Polizei ist der der Einsicht, die sich weder dem Übergang zu neuen Gesellschaftsformen verschließen und der Entwicklung entgegenstemmen noch für ein revolutionäres Hasardieren zur Verfügung stellen kann. Ausgehend von einer zwar wertneutralen, aber der Demokratie verpflichteten Position, wird sie ideologische Überhöhungen abzustreifen und hinter dem Aufputz von übertünchenden Schlagworten, Begriffen und Leerformeln die objektiven Ursachen und eigentlichen Bewegkräfte gesellschaftlicher Dynamik zu begreifen haben. Danach stellt sich unsere Gesellschaftsordnung nicht mehr als statische, hierarchische, gewordene und durch ihre Existenz gerechtfertigte Ordnung, sondern als eine ständig neu zu schaffende, also mobile, infolgedessen auch labile, stets werdende, fließende, allen offenstehende Ordnung dar. Je eher die Polizei die dynamisch befreienden Aspekte einer mobilen Ordnung akzeptiert und sie nicht als einen von Anarchie und Chaos bedrohten Zustand betrachtet, um so größer wird die Chance eines neuen gelassenen, auch radikale Impulse verarbeitenden Selbstverständnisses sein. Sie, die mangelnder Mut zur Anpassung in die Krise geführt hat, muß sich vom gewaltunterworfenen Objekt bloßer Vollstreckung zum Subjekt gesellschaftlicher Veränderungen, zu einem Beratungs- und Konsultationsorgan für Politik und Gesetzgebung wandeln. Der demokratische Staat würde sich und seine Aufgabe mißverstehen, würde er die Polizei, als von dem demokratischen Prozeß ausgenommen, auf die ihr zugewiesene Vollzugskontrolle beschränkt betrachten. Staatliche Organe sind nicht allein Endprodukt der von oben nach unten gerichteten Weisungsstränge, sondern Ausgangspunkte rückleitender, korrigierender und verbessernder Impulse, die der Gesellschaft neue Einsichten vermitteln und sie auf dem Kurs der Fortentwicklung halten. Das Recht der Polizei, die öffentliche Ordnung und Sicherheit zu erhalten, schließt die Befugnis ein, sie mitzugestalten [60].

Es soll sich alles wandeln. Die Gewerkschaften haben nunmehr, aber doch immerhin schon 1968 gefordert, ein wissenschaftliches Berufsbild zu entwerfen. Die Zeit ging ins Land, nicht zuletzt, weil ein Bundesland, nämlich Baden-Württemberg, sich an dem Projekt nicht beteiligen wollte. Erst Anfang 1972 stellte es Mittel zur Verfügung, und nun ist der Auftrag erteilt. Er wird nicht – wie zu erwarten wäre – auf der Basis eines ungewöhnlich großen Erfahrungsfundus der Polizei selbst, sondern von einer Universität realisiert. Die Polizei hat selbst keine Möglichkeiten, also Institute, in denen ein solches Berufsbild wissenschaftlich erarbeitet werden könnte, obwohl die Forderung nach einem solchen Institut so alt ist, wie die Polizei jung ist; sie datiert aus den Jahren der Weimarer Republik. Die Universität Saarbrücken übernimmt diese Arbeit. Aber sie dürfte bestenfalls von akademischem Interesse sein, wenn ihr nicht eine exakte Arbeitsplatzbeschreibung und eine Arbeitsplatzbewertung nachgeschoben oder vorgeschoben wird.

Am Ende des Jahres 1971 und als Auftakt zum Jahr 1972 sah die Gewerkschaft der Polizei und die Polizeihauptabteilung in der ÖTV angesichts der gegebenen Lage, in der die Studie von Saarbrücken unter anderen unaufgearbeiteten Problembergen nur ein, wenn auch wichtiges Detail ist, jedenfalls »keinen Grund zum Feiern« [61].

Schon bauen sich Experten und Gegenexperten auf. Man lamentiert: Das alles habe keine Eile, man solle nicht hektisch vorgehen, man solle nichts übereilen, das Gerede vom Jahr 2000 entbehre jeder Grundlage, und es gebe Wichtigeres zu tun. Nun, wenn ein junger Mann im Jahre 1973 als Sechzehnjähriger in die Polizei eintritt und 50 Jahre vor sich hat, dann dürfte er sogar 22 Jahre nach diesem so entfernt liegenden Datum, also im Jahre 2022, die Pensionsgrenze erreicht haben. Die Lage ist beängstigend überschaubar.

Betreff: Sachfremde Verwendung

Jeder redet vom Wetter,
aber keiner tut was dagegen.
Mark Twain

In einer Zeit, in der vollautomatische Waschanlagen ein Auto in vier Minuten zu vollster Zufriedenheit reinigen, beschäftigen sich deutsche Polizeibeamte verspielt am gleichen Objekt wie ehemals deutsche Seekadetten mit Blankwienern ihrer Linienschiffe.

»Das Problem ist nicht«, so folgert man richtig, »die 44-, 42- oder 40-Stunden-Woche, sondern traditionalistischer Unverstand, der verhindert, daß (endlich) *die* Mittel eingeführt und verwendet werden, die eine Verkürzung der Arbeitszeit ja erst ermöglichen. Viele Wachen, Posten und Streifen sind personell zu stark besetzt, die Technik könnte das besser, (sie) macht es billiger und (sie) braucht weder Schlaf, (weder) Dienstausgleich noch Urlaub.

Wenn die Technik ein Gerät bauen kann, das in einem Abschnitt jede Bewegung anzeigt und erkennen läßt, worum es sich handelt – und das bei Tag und Nacht –, so gehört dieses Gerät selbstverständlich in die Ausrüstung ... [1].«

Mit diesem Seitenblick auf die Technik gilt es ein Terrain »abzukämmen«, das zur Zeit von Polizisten beherrscht wird und auf dem sie sich präzise an nebensächlichen Details orientieren. Polizisten werden zwar auf ihm nicht »tätig«, weil besondere Lust im Spiel ist – auch das darf freilich hier und da nicht ausgeschlossen werden –, sondern weil ein pervertierter Patriarchalismus uns noch immer so verwaltet, »als lebten wir im Vor-Atomzeitalter, also im Patriarchalismus des Landwirtschaftsstaates« [2].

Es ist darum eine Untersuchung wert, ob das fehlende Berufsbild, ob das ramponierte Image und ob die vielfältigen vom polizeilichen Auftrag her ableitbaren Unlustgefühle dieser Berufsgruppe unter anderem auch dort zu finden sind, wo die Polizei durch heute nicht mehr zumutbare »Botendienste« zu Dienstboten oder Vollstreckungsgehilfen einer sich mehr und mehr aufblähenden Bürokratie abgewertet wird.

Es ist also zu untersuchen, ob nicht dieser oder jener Reformansatz zu insgesamt nicht mehr geführt hat als zu einem Flickenteppich, der zwar die Flickarbeit, nicht aber eine ernst zu nehmende Kurskorrektur hin zur Leistungseffizienz erkennen läßt. Vieles spricht dafür, daß es sich um Flickarbeit handelt, denn »die Tatsache, daß 20 Jahre nach dem Neuaufbau der Polizei der Aufgabenbereich der Polizeien der Bundesländer selbst in den Grundsatzfragen noch nicht einheitlich geregelt ist ...« [3], läßt keinen anderen Schluß zu als eben diesen. Er ist um so bestürzender, als sich aus ihm nicht nur eine fatale Fehleinschätzung des modernen Polizeivollzugsdienstes ableiten läßt, sondern auch eine »Mißachtung der Ansprüche der Bürger. Denn es widerspricht dem Wesen eines Rechtsstaates, daß eine solche Institution wie die Polizei, die sogar in die Grundrechte des Bürgers eingreifen kann, in den einzelnen Bundesländern materialrechtlich mit verschiedenen Aufgaben beauftragt ist [4].«

Dieses Übel – tradiert wie viele andere in dieser Berufsgruppe der konservierenden Prinzipien –, dieses Übel gehört zum Grundmotiv der zahllosen Eingaben, Resolutionen, der beschwörenden Deklamationen und der meisten Klagen. Und weil so gut wie alles »beim alten geblieben ist«, natürlich auch zum Unbehagen nicht nur der Polizei, sondern auch der mit ihr im wahren Sinne des Wortes »konfrontierten« Menschen, darf hier von einer mürrischen Stimmungslage gesprochen werden.

»Die Auffassung, daß dieser Zustand eine Folge der verschiedenen Auffassungen der Besatzungsmächte nach dem Kriege sei und bei der föderalistischen Struktur der Polizei nicht mehr geändert werden könne, vermag nicht zu überzeugen. Der Besatzungsstatus für die Bundesrepublik Deutschland ist zu Ende, und die Schöpfer des Grundgesetzes wollten mit der föderalistischen Struktur der Polizei lediglich eine Aufteilung der regionalen Machtentfaltung der Polizei, nicht aber eine Mannigfaltigkeit im materialrechtlichen Aufgabenbereich [5].«

Um so mehr erstaunt es, daß die Bevölkerung, die ja oft genug unsinnigen Zugriffen der Polizei ausgeliefert ist, nicht eben da, wo sie den Unsinn am eigenen Leib verspürt und erkennt, den Mund auftut, sondern »ergeben« hinnimmt, was sie sonst lauthals verteufelt: nämlich das Fehlen ihres »Freundes und Helfers« dort, wo sie ihn gerne sähe: bei der Abwehr von Gefahr. Woher aber sollten die Leute auch wissen, daß von hundert Polizeibeamten vierzig damit beschäftigt sind, alles andere zu tun, nur nicht das, was Sicherheitsaufgaben verlangen. Und das angesichts eines Personalmangels, über den die Polizei selbst, die Politiker ständig und die Presse nahezu täglich zum Klagen Anlaß sieht.

Eine Repräsentativumfrage des »Instituts für Demoskopie« in Allensbach hat gezeigt, daß 62 Prozent aller befragten erwachsenen Bürger der Bundesrepublik 1972 der Auffassung sind, »es gäbe zuwenig Polizeibeamte ...« [6], was nichts anderes heißt als die Forderung einer überwiegenden Bevölkerungszahl nach mehr Polizeibeamten. Man muß mit solchen Befragungen und den möglichen Schlüssen aus ihren Ergebnissen freilich behutsam umgehen. So aufschlußreich sie hier und da sein mögen, so wenig sagen sie aber schlüssig über eine ernst zu nehmende Willensbildung innerhalb unserer Bevölkerung aus. Deren Interesse an der Polizei ist eher spontan als ausgewogen. Ein Zustand übrigens, der weite Teile unserer sozialpolitischen Landschaft so unüberschaubar und darum auch so unberechenbar macht.

Aber ganz abgesehen davon ist der eigentliche Befund darüber, ob wir zuwenig Polizeibeamte haben oder nicht, keineswegs allein Sache der Leute, die sich mit »ihrer Polizei« leider nur dann identifizieren, wenn ihnen durch sie gerade Gutes zuteil wurde oder wenn sie mit »den Bullen« mal wieder auf Kollisionskurs gelaufen waren. Der Durchschnittsbürger ist nach wie vor froh, wenn er nichts mit der Polizei zu tun hat, und der, der solches von sich sagen kann als Rückblick auf ein redlich gelebtes Leben, leitet unverändert daraus die Berechtigung ab, ein besonders guter Bürger gewesen zu sein. Die Polizei ihrerseits aber wäre nicht zuletzt aus diesem Grunde gut beraten, wenn sie ihr Verhalten nicht nach den Stimmungslagen der Bürger, sondern einzig und allein nach den von ihr gesicherten Erkenntnissen orientierte. Die bisher berücksichtigten Erkenntnisse sind in den meisten Fällen eine optische Täuschung oder von steriler Antiquiertheit – solange man vorgibt, sie entsprächen der Erfahrung »mit dem Volk«. Nein, die Frage, ob wir zu wenig oder genug Polizeibeamte haben, ist Sache der zuständigen Gremien; besser noch Sache der Polizei selbst, die für sich selbst offenbar keineswegs zuständig ist und sein darf. So will es das Gesetz. Und da, wo der Gesetzgeber über polizeirelevante Fragen einen Bürgerentscheid zuläßt, sind die Resultate von entmutigender Dürftigkeit. Das Beispiel Mannheim mag da für viele stehen, weil dort ein Bürgerentscheid, ob ihre bis dahin kommunale Polizei bestehenbleiben oder in die staatliche Polizei Baden-Württemberg eingegliedert werden soll, so katastrophal ausfiel, daß aus ihm so gut wie nichts, wenn nicht lediglich die totale Gleichgültigkeit ablesbar wurde.

Nein, die Leute nehmen Anteil, wenn ein Polizeibeamter zu Grabe getragen wird – vorausgesetzt, er ist das Opfer eines Gangsters –, wenn er lange Haare trägt, Parksünder notiert oder einmal aus der Rolle fällt. Die Polizei kann und darf mit der Bevölkerung nicht rechnen, denn sie, die große Anonyme, *a*giert nicht, sondern sie *rea*giert. Sie reagiert auf die zunehmende Kriminalität, sie reagiert im Fall eines offenbaren Versagens der Polizei, und sie reagiert als Galerie, von der aus Zustimmung und Ablehnung in gleicher Weise hineindringt in die Reihen der betroffenen Polizei. Und es hat den Anschein, als verschlimmere sich dieser Zustand, je mehr

das politische Geschehen unüberschaubar, kompliziert und darum weniger begreifbar wird. Darum muß man mildernde Umstände eben jenen zubilligen, für die das öffentliche Leben zumeist aus Sensationen besteht, aus Morden, Unzuchtdelikten, Verkehrsunfällen, Entführungen oder Flugzeugabstürzen, nicht aber aus Schulreformen, Verstaatlichung kommunaler Polizeien, geschweige denn der Strafrechtsreform.
Daß sich der Bürger als Folge seines Desinteresses an den primären gesellschaftspolitischen Problemen selbst in Räume manipuliert, in denen er leichter manipuliert werden kann und wird, ist längst nicht mehr Teil seines Bewußtseins und folglich zum Mißbrauch vortrefflich geeignet.
Darum muß gesagt werden, warum unsere Polizei so sehr im Zwielicht operiert, wo es darum geht, den Freiheitsraum zu garantieren, in dem sich gesichertes bürgerliches Leben leben läßt, warum also an so entscheidender Stelle so wenig Polizeibeamte »funktionieren«, dagegen an anderen Stellen ihre Vielzahl geradezu sinnlos erscheint und meistens auch – im Verständnis unseres veränderten Alltags – überflüssig ist.
In einem Referat vor der höheren Polizeischule Münster hat der Polizeioberrat Alfred Dietel mit bewundernswerter Offenheit seinesgleichen gegenüber geäußert, was zu sagen ihm in der Öffentlichkeit unmöglich gewesen wäre, nämlich daß bei der Strafprozeßänderung z. B. nichts zu finden sei, was sich primär »mit den Aufgaben und Befugnissen der Polizei beschäftigt« [7], damit »jedermann weiß: Das ist die Aufgabe der Polizei, und das darf die Polizei. Diese eindeutige Definition der polizeilichen Aufgaben fehlt in der Strafprozeßordnung, und sie fehlt auch in dem anderen Bereich, bei dem eine Primärorientierung der Schutzpolizei vorliegt [8].«
Nun weiß aber jedermann, daß es Aufgabe der Schutzpolizei ist, Gefahren abzuwehren – wozu sonst wäre sie Schutzpolizei –, aber »auch dort ist« – so Dietel – »die Gefahrenabwehr zunächst der Behörde zugewiesen, die, das wissen alle, die im Apparat stecken, zur Gefahrenabwehr nicht mehr tun kann, als an und ab Verfügungen abzusetzen, wenn sie von Sachlagen durch Schreiben der Bürger oder durch Schreiben der Polizei erfährt« [9].

Dietel geht weiter und behauptet sogar, daß den Ordnungsbehörden zwar die Pflicht der Gefahrenabwehr obliege, diese aber ihre Aufgabe in der Regel nicht wahrnehmen würden; sie überlassen sie der Polizei. Die Polizei hat also die Arbeit, andere haben die Planstellen.

Aber nicht einmal das, was unter Gefahrenabwehr zu verstehen wäre, ist laut Dietel genau definiert. Woraus sich eben jener Zustand ableiten läßt, den Dietel beschrieben hat und der unter anderem dazu führt, daß beispielsweise »in Düsseldorf 17 Polizeibeamte rund um die Uhr nur mit Vollzugshilfeersuchen der Ordnungsbehörden beschäftigt sind. Sie machen nichts anderes als Arbeit für eine andere Behörde, die diese mit eigenen Kräften ebenfalls ausführen könnte [10].«

Das ist keineswegs die Ansicht eines mutigen Einzelgängers, der vielleicht auch seine Erfahrungen lediglich aus örtlich bedingten Gegebenheiten ableitet, die für Düsseldorf, aber schon nicht mehr für Köln zutreffen, sondern es scheint eine bundesweite Malaise zu sein, die ausnahmsweise die sonst so oft als Hindernis ins Feld geführten föderalistischen Hürden mit Leichtigkeit überwindet. Wie anders sonst wären die Darlegungen des Münchner Polizeipsychologen Georg Sieber zu deuten, der anläßlich einer Polizeitagung in der Evangelischen Akademie Bad Boll im Oktober 1971 sagte: »Der Tag eines Polizeibeamten besteht aus vier Stunden Adressensuchen, aus zwei Stunden an der Kreuzung stehen, und der Rest ist Schreibkram. So jedenfalls ist es in München [11].«

Diese mit so viel Courage vorgetragenen Interna sind nicht neueren Datums. Sie ziehen sich vielmehr als Leitmotiv durch alle Reformdebatten, solange die Polizei bemüht ist, ihre polizeiliche Praxis dadurch glaubwürdiger zu machen, daß sie sie sinnvoll und zeitgerecht den Realitäten anzupassen versucht. Diese Umstände sind seit über zehn Jahren als Mißstände zu definieren; schon 1963 sagte anläßlich der »Woche der Polizei« an der Mosbacher ÖTV-Schule der damalige Ministerialrat im hessischen Innenministerium Hans Keil:

»... Es sollten beispielsweise alle Verwaltungsaufgaben und alle innerdienstlichen Aufgaben nicht unbedingt von Beamten des polizeilichen Vollzugsdienstes versehen, sondern von zivilem Verwaltungspersonal ausgeführt werden. Von der Polizeileitung sollte immer darauf hingewirkt werden, daß die Polizei im Wege der Amtshilfe nicht aus reiner Bequemlichkeit anderer Verwaltungen in Anspruch genommen wird, sondern nur dann, wenn es tatsächlich im Rahmen der Aufgabenstellung des Polizeivollzugsdienstes notwendig wird[12].« Keil, selbst erfahrener Polizeibeamter, konnte natürlich nicht ausschließen, »daß man da und dort aus reinen Bequemlichkeitsgründen immer wieder versucht, den Polizeivollzugsdienst für Dinge einzusetzen, von denen man eigentlich gerne behaupten möchte, daß sie der Entpolizeilichung anheimfallen und mit der Polizei eigentlich gar nichts mehr zu tun haben ...«[13]. Aber das war zu seiner Zeit für die Polizei nicht sonderlich relevant, denn 1963 mochte man noch geneigt sein zu glauben, die »gute, alte Zeit« werde schon nicht abgelöst durch eine »neue Lage«, in der solche Mahnungen mit barer Münze eingelöst werden müssen. Und so mag es zwar verständlich, nicht aber entschuldbar sein, daß selbst Keils Sorge um das Steuergeld der Bürger von den Verantwortlichen in den Wind geschlagen wurde. Eben jener Hinweis, den der Ministerialrat als logische Konsequenz der Fehlbehandlung polizeilichen Dienstes finanziell und jedem einleuchtend begründet hat; »... wenn man bei den Haushaltsverhandlungen mit den Finanzministerien und den Parlamenten immer wieder darauf hingewiesen wird, daß gerade der Polizeivollzugsbeamte nicht durch sein Gehalt, das er bezieht, sondern durch die unerläßliche Art der Ausbildung und der Ausstattung des Polizeivollzugsdienstes mehr kostet als im allgemeinen Verwaltungsbeamte und -angestellte, dann sollte man dem auch Rechnung tragen ...«[14]. Dem aber ist bis heute eben nicht Rechnung getragen worden, wiewohl wir für diese Rechnung heute mit barem Geld geradezustehen haben. Wir zahlen also – und nur so ist Keil zu interpretieren – für eine Sicherheit, die wir nicht geliefert bekommen. Wobei außerdem zu überlegen bleibt, ob tatsächlich die teure Ausbildung geeignet ist, den Sicherheitserfordernissen von heute zu entsprechen. Das dem nicht so ist, dürfte hinreichend begründet worden sein. Darum kommt auch die Gewerkschaft »Öffent-

liche Dienste, Transport und Verkehr« zu der deprimierenden Feststellung, daß »die Polizei unter Beibehaltung ihrer jetzigen Organisation und Aufgabenstellung nicht mehr in der Lage ist, eine positive Bilanz zu ziehen« [15].
Bilanz wurde gezogen im Jahre 1972, also zehn Jahre nach den Einsichten und Aussagen des hessischen Ministerialrats Keil. Die Ursachen für diese Bankrotterklärung sind vielfältiger Natur. Sie haben also nicht nur eine Ursache; doch dürfte eine entscheidende Bedeutung der sachfremden und zweckfremden Verwendung großer Teile des »Polizeikörpers« zukommen. Eine hoffnungslos überholte Organisations- und Verwendungsstruktur auf der einen Seite sieht sich folglich konfrontiert mit einer schier aussichtslosen Kriminalitätsbekämpfung auf der anderen Seite, weil die Gesetzgebung auf weiten Strecken versäumte, mit der Zeit zu gehen.
»Wir müssen heute einfach sagen« – so der Polizeibeamte Dietel –, »wir können die Forderungen, die an uns gestellt werden, nicht mehr erfüllen. Und wir dürfen auch kein schlechtes Gewissen haben, wenn wir sagen, wir können der Kriminalität im eigentlichen Sinne nicht mehr Herr werden [16].«
Wenn Dietel hier von »Kriminalität« spricht, meint er vor allem jene, die sich mit wachsendem Wohlstand und verändertem Eigentumsbegriff zu einer sogenannten »Klauwelle« entwickelte. Sie läßt seit Jahren die Statistiken der Eigentumsdelikte in die Höhe schnellen und erweckt im öffentlichen Bewußtsein den Eindruck, als handle es sich in der Bundesrepublik Deutschland um eine Diebes- und Gangstergesellschaft. Im Kontext mit den schweren Kriminaldelikten wie Raub, Mord und Totschlag ist ein Index entstanden, der in der Tat den Eindruck zu erhärten scheint, als seien wir eine durch und durch kriminalisierte Gesellschaft, der gegenüber die Polizei macht- und wehrlos ist. Daß die wirklich schweren Kriminaldelikte eine außerordentlich hohe Aufklärungsquote haben und nur Teil der als kriminell geltenden Delikte sind, geht in der Pauschalierung dieses Phänomens unter. Was bleibt, ist der (so leicht politisierbare) Schrei nach »Law and Order«. Anders ausgedrückt: Es überwiegt das

»Geschäft mit der Angst« und nicht die Ratio. Es ist nicht Aufgabe dieser Schrift, den Prämissenschwindel mit der Kriminalstatistik aufzudecken, doch muß zum näheren Verständnis polizeilicher Ohnmacht und ihrer sachfremden Verwendung auf diese schon zitierte »Klauwelle« eingegangen werden, denn *sie* ist es, auf die u. a. Dietel hinweist:
»... Diese Kriminalität ist im eigentlichen Sinne keine Kriminalität, denn die Kriminalisierung stützt sich auf ein Eigentumsverständnis, das so nicht mehr besteht. In der Konsumgesellschaft wird jedermann aufgefordert, möglichst viel mitzunehmen, und das tut er dann ja im Selbstbedienungsladen...«, folglich sind »die Polizeikräfte am Wochenende nicht imstande, die in den Kaufhäusern auf frischer Tat angetroffenen Ladendiebe abzutransportieren. Sämtliche Polizei-Einsatzwagen werden für diesen Zweck gebraucht[17].«
Weil nun aber jedermann geneigt ist, diesen Tatbestand der mangelhaften Effizienz unserer Polizei anzulasten, sie also zum Sündenbock zu machen, muß, bevor man die Polizei auf die Anklagebank setzt, auf eine Wirklichkeit eingegangen werden, die in der Tat nichts mehr zu tun hat mit dem, was vor 20 Jahren noch Wirklichkeit war.
Laut einer Statistik des Bundeskriminalamts hat sich die Zahl der schweren Diebstähle seit 1953 vervierfacht.
»Die Kurve, in der diese Delikte verteilt sind, verläuft bemerkenswert parallel zu der Kurve, die die Steigerung des Volkseinkommens zeigt. Nur einmal, nämlich während der Rezession 1966, kreuzten sich die Kurven, weil in diesem Jahr die Verdienste geringer waren. Man sieht, im legalen wie im kriminalisierten Eigentumserwerb herrscht der gleiche Trend vor[18].«
Der Verkaufsleiter einer Kaufhausgruppe gesteht: »38,7 Prozent beträgt die Steigerung der Ladendiebstähle... bezogen auf das Jahr 1971 (verglichen mit dem Jahre 1970). Rechnet man das um, bedeutet das, daß mittlerweile dem gesamten Einzelhandel annähernd 1 Prozent des Handelsvolumens auf dem Wege des Ladendiebstahls verlorengehen. Wenn man bedenkt, daß über eine Preissteigerungsrate zwischen 4 und 5 Prozent die Wirtschaftspolitiker harte Gefechte aus-

tragen, so wird an dieser Zahl verdeutlicht, welche Bedeutung dieses Problem mittlerweile im Handel angenommen hat [19].« Es mag in diesem Zusammenhang von Interesse sein, daß in der Tat große Kaufhäuser »ganze Bewachungsmannschaften benötigen, um den Dieben beizukommen« [20]. Sie haben – und diese Schätzung muß zwar vorsichtig, aber doch als Anhaltspunkt gewertet werden – einen Schaden von ca. einer Milliarde DM verursacht. »In den USA wird Angehörigen verschiedener Kaufhausgruppen und Magazinen das Recht eingeräumt, Waren im Wert einer festgelegten Summe zu stehlen. Dieser faule Zauber soll die Anhänglichkeit gegenüber der Firma fördern. Bei uns dagegen wird man bald ein oder mehr Prozent für die Diebstahlsverluste zahlen müssen [21].« Ob sie nicht schon gezahlt werden, soll hier nicht untersucht werden, aber der Gerichtsmediziner Professor Dr. Rasch verweist hier auf einen »interessanten Aspekt«:
»... man hat für die Ladendiebstähle bisher die aufreizenden Auslagen verantwortlich gemacht« und auch darauf hingewiesen, »daß nur relativ geringe Werte gestohlen werden und daß lediglich ein anonymer Partner geschädigt wird«. Gerade unter dem Gesichtspunkt, daß diese Diebstähle einkalkuliert sind, ist die Frage zu stellen, wieweit erfüllt der Käufer damit nicht überhaupt die von ihm erwartete Rolle. »Wieweit erfüllt er nicht den Vertrag, den er gewissermaßen bei Betreten des Geschäfts schon geschlossen hat, indem er sich nun für die überhöhten Preise schadlos hält [22].«
Die Frage muß also lauten, ob wir eine Gesellschaft von Dieben seien und ob hier eine härtere Bestrafung eine abschreckende Wirkung erzielen könnte? Worauf Professor Rasch antwortet: »... es ist schwer, durch Strafrechtsnormen etwas zu entwickeln, was vollkommen dem allgemeinen Trend entgegenläuft. Eigentumsdelikte in gewissen Grenzen und unter gewissen Voraussetzungen gelten als schick. Jedermann erzählt, wie er beim Finanzamt eine nicht ganz klare Steuererklärung abgegeben hat oder wie es ihm gelungen ist, aus dem Ausland etwas einzuschmuggeln. Das wirkt gar nicht peinlich. Wahrscheinlich käme es darauf an, ein Experiment zu machen, d. h. zu versuchen, durch Strafen oder Straf-

androhungen die von Juristen behauptete sittenbildende Kraft der Strafnorm zu erproben. Die Gefahr ist natürlich, daß dann ein unheilvolles Strafen anfängt und wiederum *die* Leute am meisten bestraft werden, die durch Strafe ohnehin schon am meisten geschädigt werden könnten, zumindest in der Weise, wie Strafe heute vollzogen wird [23].«

Und der Kriminologe Professor Dr. Hellmer spricht zu Recht in diesem Zusammenhang von einem »neuen Super-Leitbild«, das früher geltende und vielfach mißbrauchte Leitbilder heute überwölbt und unter Besitz und Eigentum zu subsumieren sei. »Nun hat« – nach Hellmer – »die Überbetonung des Erfolgs natürlich auch die Frage zurückgedrängt, wie man zu diesem Erfolg kommt. Außerdem sind die Techniken zur Erreichung des Erfolgs ganz wesentlich erleichtert worden. Denken Sie nur an die überbetonte Reklame und Werbung, an die Selbstbedienung in den Geschäften, denken Sie an die Abzahlung und denken Sie an die großzügigen Kundenkredite. Denken Sie aber auch an das Vorbild des Staates, nämlich Schulden zu machen, möglichst viel Schulden zu machen [24].«

Eine Aufforderung übrigens, die täglich in den Massenmedien und am Bankschalter dem potentiellen Käufer insinuiert wird und den Verschuldeten zum gesellschaftsfähigen Partner »umfunktioniert«.

So schreibt die Süddeutsche Zeitung vom 29. April 1972: »Wenn man 50 Dollar Schulden hat, so ist man ein Schnorrer. Hat einer 50 000 Dollar Schulden, so ist er ein Geschäftsmann. Wer 50 Millionen Dollar Schulden hat, ist ein Finanzgenie. 50 Milliarden Schulden haben – das kann nur der Staat. Ein Hauch von Schulden-Appeal, früher das Geruchsmerkmal des unseriösen Mannes, nimmt auch bei uns fühlbar überhand.« Das siebente Gebot also ist hierzulande unter die Räder gekommen: Der Eigentumsbegriff hat sich gewandelt; strafrechtlich aber ist dieser Wandel nicht in dem Maße berücksichtigt worden, wie es nötig wäre, um

a) den gesellschaftlichen Erfordernissen und
b) den sich aus diesen abzuleitenden Zwängen eines polizeilichen Handelns gerecht zu werden.

»Wenn aber das veränderte Moralbewußtsein und die Nonchalance der Diebe beklagt werden, dann sollte man auch die Klagen der von Professor Gründel zitierten Gruppe hören, die die Auswüchse sozialer Ungerechtigkeit beim Namen nennen. Diese moralischen Kräfte geißeln unter anderem das üble Spiel mit der Wohnungsnot und die Spekulation mit Grundstücken, deren Mehrwert der Gesellschaft zustünde. Im Frankfurter Westend mit seinen vergoldeten Quadratmetern wird sicher nicht die Keimstätte für eine neue Moral liegen. Die Frage nach der Gültigkeit des Gebotes – Du sollst nicht stehlen – wird man dort wohl auch nicht in diesem Zusammenhang prüfen [25].«
Der Moraltheologe Professor Gründel kommt also zu dem Ergebnis, daß die Gebote – und in unserem Fall das siebente Gebot – nicht zeitlos zu sehen seien.
Denn: »... Anliegen eines sogenannten siebenten Gebotes ist es zunächst einmal, eine Begründung des Rechtes auf Eigentum zu unterstreichen, d. h., also jedem Menschen, der sich bemüht, auch die Möglichkeit, Eigentum zu erlangen, zu gewähren. Gleichzeitig aber auch ist dabei zu bedenken, daß eine christliche Begründung des Eigentums noch längst nicht eine Rechtfertigung der konkreten Eigentumsverhältnisse darstellt. Zum anderen will das siebente Gebot zwar das Eigentum abgrenzen, aber auch die Sozialbezogenheit des Eigentums immerhin unterstreichen. Und wo diese Sozialbezogenheit nicht gesehen wird, hat die Autorität eines Staates durchaus – unter Umständen mit Hilfe von Sozialreformen – einzugreifen [26].«
»Manchen mag es also noch überraschen, wenn er liest, daß ein katholischer Geistlicher in einem Münchner Warenhaus mit Diebesgut im Wert von 393 Mark ertappt wurde; daß ein Rastatter Kriminaloberkommissar Sachen für 200 Mark unbezahlt in der Tasche hatte; daß ein Bonner Ministerialrat zugriff, als er sich unbeobachtet glaubte; daß auch Lehrer und Nonnen unter denen sind, bei denen die Verführung zum Verbrauch moralische Sicherungen durchbrennen ließ [27].«
Aber unsere erfahrene Polizei, die schon lange nicht mehr Herr dieser Lage ist, überrascht es nicht mehr. Darum folgert

der Polizeibeamte Dietel, daß »die übermäßige Sicherung des Eigentums ein Rudiment ist aus der bürgerlich liberalen Zeit des 19. Jahrhunderts« und daß Eigentumsschutz, nach welchem heute noch so lauthals geschrien wird wie vor hundert Jahren, »nur dann stattfinden soll, wenn der Eigentümer das Seine getan hat, sein Eigentum zu sichern. Dann (freilich) sollte die Polizei auch die Gelegenheit haben, solche Delikte, die unter Durchbrechung erheblicher Sicherheitsvorkehrungen, die also mit einem großen Maß an krimineller Energie durchgeführt worden sind, intensiv zu verfolgen [28].« Bei Delikten, die Massenerscheinung geworden sind – und dazu gehört insbesondere der Ladendiebstahl –, »muß die Polizei kapitulieren« [29].

Diesem Gedanken, der natürlich nur einen Teilaspekt liefert, ist hier so breiter Raum gewidmet, weil er verdeutlicht, was sich vor 20 oder 30 Jahren noch anders las und anders behandeln ließ, durch die Polizei wie durch das Gesetz.

Solange aber die Polizei ihr Unvermögen oder ihre Ohnmacht kaschiert, darf sie sich nicht wundern, wenn Bürger sich gegenseitig mit der Polizei bedrohen; einfach, weil sie die Funktion der Polizei und ihren (nicht klar definierten Auftrag) überschätzen und anmaßend nach ihr rufen, wenn es um des Nachbarn Zaun oder das eigene »Eingemachte« geht. Daß wiederum die Polizei gar nicht anders kann, als diesen Rufen zu entsprechen, sofern sie nicht freigestellt wird vom täglichen, in den Gesetzen verankerten Kleinkram, so lange wird sich an der Mechanik dieser Wechselbeziehung zwischen Bürger, Polizei und sachgerechten Erfordernissen nichts ändern. Und erst recht nicht, solange Polizeiverwendung sich am falschen Objekt zu verschleißen hat. Dazu gehören die hunderttausend Lappalien, die allein im heutigen Straßenverkehr auf Bürger und Polizei in gleicher Weise einwirken, ganz abgesehen von den alltäglichen Bagatellfällen, die insgesamt das Verhältnis zwischen Bürgern und Polizisten in nie gekannter Weise höchst überflüssig strapazieren.

Es darf und kann nicht übersehen werden – und viele Beamte übersehen es nicht –, daß »... der freiheitsbewußte Bürger von heute anders reagiert als der obrigkeitshörige Staats-

untertan von früher. Je übertriebener die Ordnungsbestrebungen der Polizei sind, um so mehr wird bei den selbstbewußten Bürgern die oppositionelle Einstellung entfacht... Wenn es der Polizei (also) nicht gelingt, auf dem Gebiet der Massenübertretungen mit wenig Unrechtsgehalt menschlichere Formen des polizeilichen Vollzugs zu entwickeln..., wird die Gefahr der Isolierung der Polizei immer größer[30].«
Dem aber gesellt sich als besonderes Erschwernis in nahezu allen korrespondierenden Zonen des Bürger-Polizei-Verhältnisses der Umstand hinzu, daß weder die Polizei noch der Bürger über einen gesetzlich exakt definierten Aufgabenbereich der Polizei orientiert ist. Anspruch darauf haben sie um so mehr, als beide einander bedingen. Mit anderen Worten also: Die Polizei muß 'runter von der »Mehrzweckverwendung«, von der »Mülleimerfunktion« und von dem »Staatsschnauzer«. Solche Funktion mag für manchen Polizeibeamten recht bequem, oft auch willkommen und »unterhaltsam« sein, bei der Masse, namentlich des Nachwuchses in diesem Beruf, aber hat sich die Erkenntnis durchgesetzt, daß der Polizeiauftrag von gestern heute vielfach polizeiwidrig ist.
Der Autor des Buches »Polizei in der Reform«, Tonis Hunold, der fürwahr weiß, wovon er spricht, stellt zunächst ganz nüchtern fest, daß es »aus Gründen der Rechtssicherheit nicht vertretbar« ist, wenn der Bürger (zumindest in einigen Bundesländern) nicht nur den vielfältigen *örtlichen* Zuständigkeiten, sondern auch noch der undurchschaubaren Mannigfaltigkeit der »sachlichen Zuständigkeit der Polizei« ausgeliefert ist. »Es geht nicht an« – so Hunold – »... daß ein Bundesbürger innerhalb der einzelnen Bundesländer immer wieder mit Grundsatzfragen konfrontiert wird«, die ihn ratlos werden lassen, wenn er versucht herauszufinden, ob »... die Polizei in diesem Land Verkehrsbehörde im Sinne des Gesetzes ist oder nicht,

- ☐ ob er sein Fahrzeug bei der Polizei oder bei der Verwaltung zulassen muß;
- ☐ wer für die Aufstellung der Verkehrsschilder verantwortlich ist: die Polizei, die allgemeine Verwaltung oder die Polizeiverwaltung als Verkehrsbehörde;

- ☐ wo er seiner Einwohnermeldepflicht nachkommen muß: bei der Polizei oder bei der Verwaltung; und schließlich
- ☐ wer zuständig ist für die vielen Fälle, in denen er, der Bürger, der Hilfe des Staates bedarf: die Polizei oder das Ordnungsamt[31]?«

Dem lassen sich noch zahlreiche Fragen hinzuaddieren. So auch eine, die nach wie vor zur Dunkelfolie unserer Polizei gehört. Sie muß nämlich – mit Ausnahme von Nordrhein-Westfalen – noch immer die die Schule schwänzenden Söhne und Töchter auf Ersuchen der Schulbehörde dem »Direx« ins Amtszimmer bringen.

Aber abgesehen davon, daß in der Tat viele Bürger sich im Dschungel der von Hunold aufgeworfenen Fragen verlaufen, muß hier – und das freilich nur am Rande – doch auch die Frage aufgeworfen werden, warum, wenn es schon so ist wie beschrieben, der sogenannte Sozialunterricht nicht ausreicht, um wenigstens diese Art von alltäglicher »Lebenshilfe« zu vermitteln, anstatt Schüler mit dem Auswendiglernen des Grundgesetzes zu traktieren.

Heute jedenfalls ist es so, daß dem Bürger die zahlreichen Fragen polizeilichen Wirkens erst dann wennschon nicht sinnvoll, so doch durchschaubar werden, wenn z. B. die Verwaltung ihren negativen Verwaltungsakt nicht erfüllt sieht und ihn zum Zweck positiver Erfüllung an die Polizei delegiert. Das hat dazu geführt, daß sich die Polizei nur zu 30 oder 40 Prozent der ihr zur Verfügung stehenden Arbeitszeit der Kriminalitätsbekämpfung und der Verkehrsunfallverhütung und Verkehrslenkung widmen kann. Und weil die Zunahme von kriminalitäts- und verkehrsunfallfördernden Ursachen zu einer Konzentration der Polizeienergie zwingt, muß die Frage, die schon Hans Keil 1963 in eine Forderung verwandelt hat, lauten: Kann es sich unser Staat leisten, seine Polizei für sach- und aufgabenfremde Zwecke verschleißen zu lassen? Als sachfremde Aufgaben der Polizei betrachtet unter anderem die Gewerkschaft öffentliche Dienste, Transport und Verkehr alle Tätigkeiten, die von der Polizei für andere Verwaltungen ersatzweise ausgeführt werden, obwohl es sich dabei um reine Ordnungsregelungen

und nicht um Sicherheitsstörungen im engeren Sinne handelt, also um Sicherheitsstörungen, die Gefahren für die Allgemeinheit oder den einzelnen verursachen.
Für diese sachfremden Aufgaben muß die Polizei nach vorsichtiger Schätzung 40 Prozent ihrer gesamten Arbeitszeit hergeben. Dabei halten sich die Tätigkeiten für andere Verwaltungen und für Versicherungen etwa die Waage.
Zur Verdeutlichung werden die nachstehenden Ausführungen und Aufzählungen den ungefähren Umfang vermitteln, in dem sach- oder zweckfremde Aufgaben die Polizei ihrer eigentlichen Funktion entziehen und sie in hohem Maß zur Büropathie, sprich zur Bürokrankheit, verurteilen. Dazu gehören:

1. *Die Überwachung der Bauordnung und der Preisüberwachungsverordnung*

Natürlich sind dafür die Baubehörden und die Gewerbeaufsichtsämter zuständig. Aber in der Regel ist es so, daß zwar diese Ämter Ordnungswidrigkeiten notieren, dann aber die Polizei ersuchen, die Anzeige zu erstatten.

2. *Vollzug des § 16 Kraftfahrzeugsteuergesetz (Amtshilfe)*

Zuständig sind die Finanzämter. Die Auswirkung der Amtshilfe durch die Polizei besagt nichts anderes als Entstempelung von Kfz-Kennzeichen, die dann erfolgt, wenn der Autobesitzer die Steuer nicht bezahlt hat. Den »negativen Verwaltungsakt« übernimmt die Polizei, während sich den »positiven Verwaltungsakt«, also die »Bestempelung«, die Kfz-Zulassungsstelle vorbehält. Hamburg hat das unter Innensenator Ruhnau schon am 30. März 1967 abgeschafft und das Land Rheinland-Pfalz seit dem 11. Oktober 1971.

3. *Vollzug des Saatgutgesetzes*

Dafür sind die Landwirtschaftsämter zuständig. Aber von der Polizei wird Amtshilfe gefordert bei der Überprüfung der Kartoffelsaatguttransporte.

4. *Gerichtsdienste*

Zuständig ist die Justizverwaltung. Die Polizei aber muß die Untersuchungshäftlinge »überstellen« oder aber rechtskräftig verurteilte Personen von Strafanstalt zu Strafanstalt »verschuben«, wie es in bestem Amtsdeutsch heißt. Außerdem hat die Polizei bei Gerichtssitzungen als »Haus- und Ordnungspolizei« im Ermessensfall zu funktionieren. Auch das könnte vom Justizpersonal übernommen werden. Im Fall der sogenannten Verschubung mußte beispielsweise die Landespolizeistelle (LPS) Regensburg im Monatsdurchschnitt 20 Transporte vornehmen; auf die LPS Amberg entfielen im Jahre 1971 bereits 80, ebenso viele hatte die LPS Deggendorf vorzunehmen. Straubing übernahm im Jahre 1970 137, 1971 117 Transporte. Dies nur als Anhaltspunkt, dem aber hinzugefügt werden muß, daß für jeden Transport mindestens zwei Beamte abgestellt werden müssen. Zählt man die Stunden zusammen, so ergibt sich mit den 62 Transporten, die allein die LPS Passau vom 1. Oktober 1971 bis zum 31. Januar 1972 übernommen hat, ein Aufwand von 360 Stunden.

5. *Vollzug des Waffengesetzes*

Es ist eigentlich Sache der Gewerbeaufsichtsämter. Im Fall von Waffenlieferungen aus dem Ausland wird die Polizei jedoch aufgefordert (ersucht), die Waffenbestandskartei zu prüfen, also nichts anderes zu tun, als nachzusehen, ob die belieferte Firma alle gelieferten Waffen auch eingetragen hat.

6. *Vollzug des Meldegesetzes*

Zuständig sind die Einwohnermeldeämter. Vollzug bedeutet hier nicht mehr und nicht weniger als die Feststellung, ob ein Bürger noch den Wohnsitz hat, der beim Meldeamt eingetragen ist. Man darf sagen, daß es sich bei dieser sogenannten Feststellungsarbeit meistens um die nebensächlichste, aber auch am meisten Zeit raubende Arbeit handelt.

7. *Lebensmittelüberwachung*

Sie ist Sache der Gesundheits- oder Gewerbeämter. Aber sie erfordert im Bereich der Landpolizei auch heute noch die völlige Freistellung eines Vollzugsdienstbeamten für je einen Landkreis.

8. *Mitwirkung in Privatklagesachen*

Natürlich ist die Justizbehörde zuständig, aber die Ermittlungsaufträge erledigt die Polizei. Statt dessen sollten die Gerichte die Privatbeklagten oder die Privatkläger und Zeugen selbst zur sogenannten Einvernahme vorladen. So wird die Polizei u. a. mit einem erheblichen Arbeitsaufwand belastet, obwohl die Beweisführung Sache des Privatklägers oder dessen Anwalts ist. Darunter wäre das generelle Tätigwerden der Polizei bei Antragsdelikten zu subsumieren. Gemeint sind hier jene Straftatbestände, die die Beziehungen zwischen Menschen betreffen, mit Sicherheit aber keinen »kriminellen Unrechtsgehalt« darstellen, etwa einfache Beleidigung oder einfacher Hausfriedensbruch. Hier wäre überdies zu prüfen, ob solche Handlungen nicht überhaupt im Zivilrecht und nicht im Strafrecht berücksichtigt werden sollten.

9. *Allgemeine Mitarbeit für andere Verwaltungen*

Die polizeilichen Tätigkeiten in diesem weiten Bereich lassen sich stichwortartig zusammenfassen, erhellen aber dennoch den außerordentlichen Umfang einer Betriebsamkeit, die in der Tat von den Anforderungen an eine Polizei der Gegenwart in bestürzendem Ausmaß abweicht. So wird neben Vorgenanntem die Polizei beansprucht bei: Waffenscheinanträgen, bei Anträgen für Sprengstofferlaubnisscheine, im Bereich der Vergnügungen und im Gaststättengewerbe, bei Anträgen auf Erlaubnis zur Personenbeförderung und Güterbeförderung, zur Entgegennahme von Fundanzeigen oder von Fundgegenständen, und sie ermittelt außerdem in Wiedergutmachungsangelegenheiten.

Auch die Ermittlung und Ausarbeitung von Anträgen für staatliche Lebensrettungsauszeichnungen ist ihre Sache; selbstverständlich sorgt sie für die Sicherstellung von Wasserproben bei Gewässerverunreinigung, und sie erteilt die Genehmigung zur Verlängerung der Sperrstunde. Sie meldet vergnügungssteuerpflichtige Veranstaltungen an die Steuerämter, nimmt Nachlaßsicherungen vor und begleitet Geldtransporte. Sie wird ebenso mit dem Transport von Blutkonserven beauftragt. Und Hunde, für die keine Hundesteuer entrichtet wurde, werden auf Antrag selbstverständlich von der Polizei erschossen.

Zu diesen Aufzählungen kämen noch weitere sachfremde Aufgaben, die zwar vom Gesetzgeber der Polizei zugewiesen sind, dennoch nichts mit der originären Aufgabe der heutigen Polizei zu tun haben sollten. Natürlich ließe sich der Sicherheitsauftrag der Polizei auch aus der Tötung unversteuerter Hunde ableiten; und wennschon nicht der Sicherheitsauftrag, so doch die »Aufrechterhaltung der Ordnung«. Aber die Absurdität solcher Überlegungen legt den Schluß nahe, daß die Polizei auf weiten Strecken ihrer Tätigkeit nichts anderes ist als ein Schutzorgan der Behördenruhe und damit ihrer vordemokratischen Ordnungsvorstellung. Das wird gerade auch im Verkehr deutlich, der inzwischen nicht nur sich selbst, sondern auch die Polizei ad absurdum zu führen droht. Statt den unfallträchtigen fließenden Verkehr intensiv überwachen zu können, werden beachtliche Polizeikräfte durch die Überwachung des ruhenden Verkehrs (Park- und Halteverbote) absorbiert. Dem hinzuzufügen ist die zeitraubende Tatbestandsaufnahme in jenen Fällen, in denen nur Sachschäden festgestellt werden müssen. Hier stehen die Polizeieinsätze schon in keinem vernünftigen Verhältnis mehr zu den Schäden, Schäden, die überdies nur das Interesse der Haftpflichtversicherungen und ihrer Versicherten berühren.

Grundlage dieses weitgefächerten Handelns ist der Artikel 35 unseres Grundgesetzes, der fordert: »Alle Behörden und Verwaltungen haben gegenseitige Amts- und Vollzugshilfe zu leisten.« Die Polizeigesetze der Länder haben diese

Generalklausel übernommen; auch das Bayerische Polizeiorganisationsgesetz (POG). Hier hat die ÖTV die Änderung des Artikels 2 des POG im Sinne einer Neuformulierung empfohlen: Danach hat »... die Polizei die Aufgabe, Verwaltungen und Behörden des Landes und der Gemeinden Vollzugs- und Amtshilfe zu leisten, sofern diese beim Vollzug ihrer eigenen Aufgaben durch tätlichen Angriff oder Widerstand gehindert werden«, was selbstverständlich als polizeiliche Aufgabe zu begreifen ist. Da also, wo ein Gerichtsvollzieher »mit krimineller Energie« die Treppe hinuntergeworfen wird, um ein Beispiel anzuführen, hat selbstverständlich die Polizei einzugreifen, und jedermann wird das verstehen.

So wie jedermann Verständnis dafür hat, daß die für den »positiven Verwaltungsakt« zuständigen Behörden auch die negativen Seiten ihrer Tätigkeiten übernehmen sollten, sofern sie nicht »mit krimineller Energie« daran gehindert werden. Die Erfahrung hat überdies bewiesen, daß nur in den seltensten Fällen Widerstand geleistet wird und daß »Polizeieinsätze« meist nur zur sinnlosen Konfrontation mit dem Bürger führten und damit zu einer unsozialen Betrachtung dessen, was die Polizei unter »Bürgernähe« versteht.

So stehen sich zwei diametral wirkende Mechanismen gegenüber und strapazieren den Polizeibeamten von heute in nicht mehr zumutbarer Weise. Veraltete oder unzeitgemäße Gesetze liefern die »Eingangsleistung«, mit der ein Beamter motiviert wird, andererseits aber wird ihm eine »Ausgangsleistung« abverlangt, die sich an der Realität zu orientieren hat. Ist das eine vergleichbar mit der Karte, so das andere mit dem Gelände, und beide stimmen nicht mehr überein.

Der althergebrachte Ordnungsbegriff beispielsweise ist völlig ins Schleudern geraten, denn da, wo einst die Bürger in Ruhe miteinander sprachen, parken heute die Blechberge ihrer Wagen.

Straßen und Gassen haben sich in Rennpisten verwandelt und so manches Stadtzentrum – einst bürgerliche Mitte – zu Kaufhaus- und Büroschluchten. »Ruhe und Ordnung« finden sich auf dem Friedhof, in der Lyrik und im Bürgerlichen

Gesetzbuch, nur nicht da, wo die Polizei sie herzustellen hat. Das ist ihre Lage, und mit der wird sie nicht einmal fertig, wenn es um die Verwendung nach innen geht, ihr Tun also abgeklopft wird auf das, was im verborgenen schwelt und die Frage nach der sachfremden Verwendung im innerbetrieblichen Bereich aufwirft.

So werden fernab von jeglicher Realität Polizeibeamte mit Arbeiten eingedeckt, die mühelos von Sekretärinnen geleistet werden könnten.

Der Polizeibeamte im Außendienst z. B. pflegt »Observationen«, also Beobachtungen, in ein Notizbuch zu übertragen. Die Farbe des Wagens, dessen Kennzeichen, die Uhrzeit, die Straße, die Kreuzung und so weiter. Das sind notwendige, meist eilige und oft zeitraubende Funktionen. Notizbuch 'raus, Notizbuch 'rein, Bleistift abgebrochen oder stumpf, Kugelschreiber ausgelaufen, Uniform zu stramm, aufknöpfen, zuknöpfen, Regen, Wind, klamme Finger, Schweißausbruch, Atemnot, Raummangel auf dem Podest inmitten der Straßenkreuzung. Stoßverkehr. Auge auf Kleinkind oder auf Oma, von links Schwertransport, »Anhänger schert aus!«, von rechts fragender Durchreisender, im Kopf das Gesetz, im Auge die Wirklichkeit und im Nacken den Boß. Aber mit Sicherheit fehlt ihm ein handliches Diktiergerät, das kaum größer ist als der Handteller und jede Bemerkung aufzeichnen könnte, die sich im Revier mühelos übertragen ließe. Und das alles in einem Zeitalter, in dem Diktaphone schon zum Spielzeug unserer Kinder gehören. Aber solche Segnungen der Technik, die nicht nur das Leben erleichtern, sondern auch die Sicherheit fördern, haben noch keinen Eingang in den Polizeibetrieb gefunden.

An anderer Stelle – etwa im sogenannten Kraftfahrzeugpark – warten Arbeiter und Angestellte die Einsatzfahrzeuge unserer Polizei. Das ist richtig. Aber ob es richtig ist, daß »über« diesen Arbeitern und Angestellten topfit und »einsatzfähig« ein Vollzugsbeamter die dafür zuständige Dienststelle »verwaltet«, ist eine andere und dringende Frage. Sie wird nicht nur von der Leistungseffizienz des dort »diensttuenden« Vollzugsbeamten her wichtig, sondern auch oder gerade aus der Sicht derer, die »unter ihm« Dienst tun. Ihnen jedenfalls bleibt jede Aufstiegschance verwehrt, weil ein Vollzugsbeamter gelassen auf einem wohlbehüteten Bürostuhl seiner Pensionierung entgegensehen will, soll oder darf. Während die einen also ihr Berufsdasein mit dem Prüfen des Reifendrucks, dem Abschmieren von Achsen, dem Ölwechsel und dem Auswechseln von Kerzen ausfüllen, sitzt über ihnen ein »Kontrolleur« dieses sonderbaren, mit Sicherheit und Ordnung nicht unmittelbar verbundenen »Vollzugs«.

Wird diese Tatsache aber von den anderen diskutiert, eben jenen, deren Weiterentwicklung ein Beamter blockiert, dann wird etwas in Frage gestellt, was als »heilige Kuh« bisher den Status der Unantastbarkeit besitzt. Man wird in diesem Zusammenhang auf das Mitspracherecht verweisen müssen, aber niemand zweifelt, daß über beispielsweise solche Fälle ständig gesprochen wird, was sicher aber noch nichts mit Mitbestimmung zu tun hat. Hinwiederum muß andererseits darauf hingewiesen werden, daß in weiten Bereichen der Polizei, dort nämlich, wo es sich um kleine Polizeistationen handelt, die Polizeibeamten selbst mit der Pflege und Wartung ihrer Fahrzeuge kosten- und zeitraubend strapaziert werden.

Stellvertretend für viele Polizeistationen oder Polizeiinspektionen soll die Arbeitsweise einer Inspektion im Bereich der bayerischen Grenzpolizei nachstehend wiedergegeben werden (diese Schilderung entstammt der Feder eines Polizeibeamten):

»Der Inspektion sind 10 Stationen unterstellt. Dies bedeutet, daß bei 10 Stationen täglich die gleiche Arbeit anfällt, wie zum Beispiel Erledigung der täglichen Dienstpost, Anbringung von Verlängerungsvermerken auf IME's (...), Ausführungsverordnungen, innerdienstliche Anordnungen usw. (selbstverständlich auch Änderungen oder Aufhebungen usw.), Erstellung der gleichen Termine, Erfahrungsberichte, Stellungnahmen, Erledigung von Rechnungen ..., die kassenreif vorgelegt werden müssen, Anforderung von Büromaterial und -gerät, Berichtigung und Ergänzung der Fahndungsunterlagen anhand täglich eingehender Fahndungslisten und Fernschreiben, Besprechungen und Durchsicht der anfallenden Anzeigen, die obendrein über die Grenzpolizeiinspektion vorgelegt werden müssen und dort nochmals nachgeprüft werden!

Alle diese Verwaltungsarbeiten werden grundsätzlich vom Stationsleiter oder seinem Vertreter erledigt, also von Polizeivollzugsbeamten. Die dafür erforderliche Arbeitszeit beträgt ca. 50 Prozent!

Für jeweils 10 Tage ist außerdem von jeder Station ein Dienstplan für die folgenden 10 Tage zu erstellen. Die dabei zu beachtenden Vorschriften (z. B., daß 51 Prozent der Beamten im Dienst zu sein haben, also nur 49 Prozent Ruhetage einbringen können, daß vor Antritt der Ruhetage der Dienst erst um 17 Uhr beendet werden darf und der Beamte nach seinem Ruhetag möglichst um 7 Uhr zu beginnen hat; daß sogenannte überörtliche Streifen grün, Grenzbegehungen jedoch rot einzutragen sind, daß die Beamten möglichst oft zu ungünstigen Zeiten eingeteilt werden, wie z. B. von 22 Uhr bis 03 Uhr, von 24 Uhr bis 05 Uhr usw.) lassen jeden dieser Dienstpläne zu einem kleinen ›Kunstwerk‹ werden, so daß bei einer Station mit ca. 10 Beamten ein voller Arbeitstag für die Anfertigung verwendet werden muß. Der so mühsam erstellte Dienstplan wird dann außerdem, schon Tage bevor er in Kraft tritt, aufgrund der dienstlichen Notwendigkeiten, die ja durchweg kurzfristig ausfallen, wieder mehrfach geändert. Trotzdem werden diese Dienstpläne von der Grenzpolizeiinspektion eingesammelt und dort nochmals, meist von einem Beamten des gehobenen Dienstes, eingehend überprüft, wozu nochmals die Arbeitszeit eines sinnvollen Tages erforderlich ist.

Einziger Sinn dieser Arbeit: Der Inspektionsleiter und sein Vertreter sind in der Lage, ihre Kontrollfahrten durchzuführen. Womit ein weiterer Punkt, der dringend einer Änderung bedarf, angesprochen wäre.

Jeder Stationsleiter ist verpflichtet, innerhalb einer Dekade jeden seiner Beamten einmal zu kontrollieren (selbstverständlich heißt es offiziell nicht ›kontrollieren‹, sondern ein

›Treffen herbeizuführen‹!). Diese Verpflichtung gilt auch während der Nachtzeit. Die dafür erforderliche Arbeitszeit, die nur einem längst veralteten Kontrollsystem dient (die Beamten sind durchweg mit Funkfahrzeugen eingesetzt und also jeder Zeit erreichbar), welches im übrigen nur Mißtrauen, Unzufriedenheit und ein denkbar schlechtes Betriebsklima schafft, beträgt ca. 25 Prozent der Dekade.
Mit den Kontrollen der Stationsleiter ist es jedoch nicht abgetan. Auch der Inspektionsleiter und sein Vertreter fahren zusätzlich noch Kontrollfahrten, wobei dann noch ein weiterer Beamter als Fahrer eingesetzt wird. Im Februar 1972 war dies bis jetzt, dem 18. Februar 1972, pro Dekade viermal der Fall. Nachdem sich der Inspektionsbereich von der ... bis zur ... Landesgrenze erstreckt, ist für jede dieser völlig überflüssigen Fahrten ein Zeitaufwand von ca. 14 Stunden erforderlich (2 Beamte ca. 7 Stunden). Solange Arbeitszeit und Einsatzmittel der Polizei in dieser Weise sachfremd und zweckentfremdet werden, ist es nur verständlich, wenn die Kräfte für die eigenen Aufgaben ... nicht mehr ausreichen.
Ein weiteres Beispiel: Der stellvertretende Inspektionsleiter stellte seinen Funkwagen nachts auf einer sehr belebten Straße *ohne Beleuchtung* ab, um mit der Stoppuhr festzustellen, wie lange die beiden Beamten, die gerade Dienstbeginn hatten, für das Verlassen des Dienstgebäudes benötigten!«
Ob die zuständigen Innenminister der Länder von solchen Details, die schließlich zur Summe anwachsen, unterrichtet werden, bleibt eine offene Frage.
Aus all diesen Gründen – und sie lassen sich mehren – legte die ÖTV-Hauptabteilung Polizei in ihren Reformvorschlägen des Jahres 1971 vier Punkte der Öffentlichkeit vor in der Hoffnung, eine schwerfällige Bürokratiemaschine in Gang zu bringen. Vier Punkte neben vielen anderen, die auch die Zweckentfremdung polizeilichen Handelns sowohl nach außen wie nach innen abbauen sollen. Mit anderen Worten: KONZENTRATION AUF DAS NOTWENDIGE.
Denn: »Nach den Erfahrungen der letzten Jahre kann sich die Polizei nur zu 30–40 Prozent der zur Verfügung stehenden

Arbeitszeit der Kriminalitätsbekämpfung und der Verkehrsunfallverhütung und Verkehrslenkung widmen [32]!«
Da bundeseinheitlich nur die Strafverfolgung, die Verfolgung von Ordnungswidrigkeiten und Steuervergehen nach § 392 der Abgabenordnung geregelt sind, kommt es schon zu einer recht unterschiedlichen Aufgabenverteilung in den einzelnen Bundesländern.
»Die landesgesetzlichen Bestimmungen reichen vom Extrem einer enumerativen (Beschränkung der Zuständigkeit auf die vom Gesetz ausdrücklich aufgeführten Fälle) Aufzählung der Aufgaben bis zum anderen Extrem einer polizeilichen Generalklausel. In der Praxis hat das zur Folge, daß die Polizei je nach Bedarf und Zufall sowohl Verwaltungsfunktionen übernehmen wie auch als Hilfsorgan der eigentlich zuständigen Verwaltungsbehörde zur Verfügung stehen muß [33].«
Die Kriminalität entwickelt sich z. B. dynamisch und in ständig wechselnden Brennpunkten, ihr steht eine Polizei gegenüber, die jedoch durch einen starren Verfolgungszwang gebunden ist. Ein den wahren Gegebenheiten angepaßter Handlungsspielraum für eine bewegliche Reaktion auf die Kriminalität besteht nicht. Angesichts dieser Lage muß der Polizei ein hohes Maß an Respekt gezollt werden, denn an ihr gemessen ist ihre Leistung optimal. Allerdings auch ihr Verschleiß.
Führende Polizeibeamte aus dem Bundesgebiet, eingeladen von der Evangelischen Akademie Bad Boll, trafen sich im Herbst 1971, um die Reform polizeilicher Aufgabenbereiche zu diskutieren.
Hans Dieter Reichert (Süddeutscher Rundfunk) nutzte die Gelegenheit, um den Innenminister Walter Krause (Stuttgart) und den Innenminister Heinz Schwarz (Mainz) u. a. zum Thema der Befreiung von sachfremden Aufgaben zu befragen. Hier ein Ausschnitt aus dem Interview:
Reichert: »Um Kräfte frei zu halten – schon allein für Kriminalitätsbekämpfung, Verkehrsunfallverhütung und Verkehrslenkung – muß die Polizei von sachfremden Aufgaben befreit werden. Welche Möglichkeiten sehen Sie?«

Minister Krause: »Die Befreiung von sachfremden Aufgaben muß sowohl sachgebietsmäßig als auch funktionsmäßig gesehen werden. Schon seit langem sind wir dabei, Arbeitsaufträge aus dem Polizeidienst herauszunehmen (wie beispielsweise die Mitwirkung von Polizeibeamten bei den Einwohnermeldeämtern und den Kfz-Zulassungsstellen oder bei der Durchführung von Gefangenentransporten) und für Aufgaben, die im Polizeidienst zu verrichten sind, wie im Erkennungsdienst oder Revierdienst, auch Angestellte und Schreibkräfte einzusetzen.«

Minister Schwarz: »Die Forderung, die Polizei von polizeifremden Aufgaben zu befreien, ist schon allein durch den bestehenden Personalmangel gerechtfertigt. In Rheinland-Pfalz ist mit der Justizverwaltung vereinbart, daß die Justiz die Vorführung von Untersuchungsgefangenen selbst übernimmt. Teilweise ist dies auch heute schon der Fall. Über die Untersuchung von Unfällen in landwirtschaftlichen Betrieben werden z. Z. Erhebungen angestellt, aus denen ggf. die entsprechenden Konsequenzen zu ziehen sein werden. Ich sehe ferner Möglichkeiten, die Polizei von Aufgaben zu befreien, die zwar nicht polizeifremd sind, die aber nicht unbedingt von Polizeibeamten erledigt werden müssen. Ich denke hier z. B. an die Kontrolle der Parkuhren, die durch Zivilkräfte vorgenommen werden kann. Wir haben bereits solche Kräfte eingestellt, und es ist beabsichtigt, weitere Angestellte mit diesen Aufgaben zu betrauen. Auch die beabsichtigte Einstellung von Verkehrsingenieuren wird die Polizei von Aufgaben entlasten, für die sie nicht ausgebildet ist.«

Reichert: »Welche personellen Konsequenzen hat das für die Polizei?«

Minister Krause: »Die Polizei braucht, um ihren Aufgaben auch künftig nachkommen zu können, unbedingt eine Personalvermehrung. Diese kann nicht allein dadurch aufgefangen werden, daß weitere Aufgaben von anderen Stellen übernommen werden.«

Minister Schwarz: »Ich hoffe, daß die frei werdenden Kräfte eine wirkungsvollere Bewältigung der eigentlich drängenden Aufgaben, besonders der Kriminalitätsbekämpfung, ermöglichen. Allerdings sollte man sich vor Illusionen hüten und realistisch sehen, daß dadurch das bestehende Personalproblem nur zu einem Teil, der in Zahlen natürlich nicht meßbar ist, entschärft wird. Die Notwendigkeit, erheblich mehr und besser ausgebildete Beamte zur Bewältigung der anstehenden Aufgaben zu gewinnen, bleibt weiter bestehen [34].«

Dem Gespräch darf entnommen werden, daß die Innenminister wohlwollend und behutsam eines der reichlich vorhandenen »heißen Eisen« anrührten. Sie haben sich nicht festlegen lassen, man war »nett zueinander« und vor allem: unverbindlich. Das Problem war »andiskutiert«.
Weil dem so ist, muß man sich auf einen weniger unverbindlichen Mann berufen, der nicht im Verdacht steht, aus purer Progressionslust, sondern aus langjähriger Praxis dieses »heiße Eisen« anzupacken: Dr. Horst Herold, Präsident des Bundeskriminalamts. Er sagt:
»Die Liberalisierung des Strafprozeßrechts, des Demonstrationsrechts, des Sexualstrafrechts, die Entkriminalisierung des Straßenverkehrsrechts kennzeichnen den Prozeß des Aufbrechens weiterer entpolizeilichter Räume. Dennoch hat diese Entwicklung zahlreiche lediglich ordnende Tätigkeiten der Polizei ausgespart, die die produktive Freistellung geistiger Kräfte für ihre eigentlichen Aufgaben verhindern. Angesichts der anspruchvollen nominellen Leitideen wirken Führerschein- und Halterüberprüfungen, Sperrstundenüberwachung, Parksünderinkassos und Hundesteuerermittlungen geradezu grotesk.
Erst die Herauslösung solcher Ordnungsfunktionen aus dem Polizeibereich, ihre Überantwortung an die Verwaltung, der der Bürger gelockert gegenübertreten kann, wird die Annäherung an die im Volk längst herrschenden Anschauungen von der Polizei und deren wirklichen Aufgaben vollziehen. Dies gilt vornehmlich für die Aufgabe der Lenkung und Überwachung im Straßenverkehr, der nicht nur die

Kräfte der Polizei in unvertretbarem Maße absorbiert, sondern auch alle Anstrengungen der sogenannten Öffentlichkeitsarbeit zunichte macht, weil das von der Polizei entworfene Bild für jeden Verkehrsteilnehmer in ärgerlichem Kontrast zu eigenen Erlebnissen steht.

Während der Bürger die Polizei als Organ der Verbrechensbekämpfung und der Aufrechterhaltung der Sicherheit durchaus akzeptiert, sieht er sie in Verkehrsaufgaben fehlverwendet, fühlt er sich durch die ständigen spannungsträchtigen und sein Bild vom Staat prägenden Konfrontationen im Verkehrsgeschehen mit Kriminellen gleichgesetzt und deklassiert. Der von den Betroffenen kaum empfundenen Entkriminalisierung des Straßenverkehrs ist die Entpolizeilichung nicht gefolgt, sondern hat durch Übertragung quasirichterlicher, tendenziell systemfremder Befugnisse die polizeiliche Bindung weiter verstärkt, obwohl in dem Eindringen gesellschaftlicher Initiativen in das Verkehrswesen (Automobilclubs, Autoradiosendungen, Schülerlotsen, Verkehrsregelung an Baustellen durch Arbeiter usw.) die Tendenz fortschreitenden Herrschaftsabbaus sichtbar wird.

Auch sind die Verwaltungsfunktionen, wenn auch teilweise formell noch zur Polizei gehörig, in weite Bereiche des Straßenverkehrs vorgestoßen: die Regelung des Verkehrs durch technische Hilfsmittel, die Zulassungsprüfung von Fahrzeug und Person sowie die Aufsicht über sie, Versicherung, Versteuerung, statistische Sammlung von Verkehrsdaten, Überwachung des Güterverkehrs und der Einsatz von Politessen obliegen einer Vielzahl von Verwaltungsdienststellen, zum Teil auch privaten Institutionen, die parallel neben- (und auch gegen-)einander stehend den Grundsätzen der Verwaltungsökonomie nicht entsprechen.

Verkehrsverstöße, die auf subjektivem Schädigungswillen beruhen und daher im eigentlichen Sinne gesellschaftsfeindlich sind, finden sich äußerst selten, jedenfalls weniger als etwa im Gewerbe-, Gesundheits- oder Lebensmittelrecht oder gar im Bereich des Umweltschutzes, ... ganz abgesehen von den gesellschaftsfeindlichen Tatbeständen, die noch keiner Sanktion unterliegen.

Dennoch geht ein Fünftel aller gerichtlichen Verurteilungen auf Verkehrsvergehen, überwiegend fahrlässiger Körperverletzung zurück, die, von echten kriminellen Tatbeständen wie Fahrerflucht oder Kennzeichenfälschung abgesehen, Widerspiegelung eines, wenn auch gefährlichen, aber doch nicht bewußt sozialschädigenden Fehlverhaltens sind, das adäquater durch ein umfassendes Buß- und Wiedergutmachungsrecht, durch Verwirkung des Versicherungsschutzes oder durch drastische Vermögenseinbußen geahndet werden könnte.

Die Liberalisierung des Verkehrsstrafrechts und seine gleichzeitige Umgestaltung zu einem Recht der Vermögenshaftung, verbunden mit der Ausgliederung der Verkehrsaufgaben aus dem Bereich der Polizei und ihre Überantwortung an die Verwaltung, würde zwar das Über- und Unterordnungsverhältnis zwischen Staat und Bürger nicht beseitigen, aber die rigorose, nicht mehr angebrachte Ausbildung des Gewaltverhältnisses mildern. Zugleich böte sich die Möglichkeit zur Schaffung einer einheitlichen, den Zuständigkeitswirrwarr beseitigenden Verkehrsverwaltung, die eine von der Fahrprüfung bis zur Versteuerung, von der Verkehrslenkung bis zur Ahndung von Verstößen reichende, für den Bürger überschaubare Zuständigkeit besitzt[35].«

Das würde nach Herold nicht zu einem totalen Abbau der Verwaltung der Vollzugskräfte führen, wohl aber müßten die Exekutivkräfte in dieser Verwaltung entlastet werden durch Leute mit »geringeren Ausbildungsanforderungen« als den für den Polizeiberuf geltenden. Ein Gedanke, den auch Heinrich Krüger in all seinen Forderungen stets hervorgehoben hat. Das würde zur allgemeinen Entkrampfung führen, und darin läge ein Demokratiegewinn, an dem unsere Polizei teilhaben muß, denn der demokratische Staat würde sich und seine Aufgaben mißverstehen, würde er die Polizei von dem demokratischen Prozeß ausschließen und sie auf die ihr zugewiesene Vollzugskontrolle beschränkt betrachten. »Staatliche Organe sind nicht allein Endprodukt der von oben nach unten gerichteten Weisungsstränge, sondern Ausgangspunkt rückleitender, korrigierender und verbessernder Impulse, die der Gesellschaft neue Einsichten vermitteln und sie auf den Kurs der Fortentwicklung halten. Das Recht der Polizei, die öffentliche Ordnung und Sicherheit zu erhalten, schließt die Befugnis ein, sie mitzugestalten [36].«

Von dieser Befugnis freilich ist die Polizei weit entfernt. Daß sie sich selbst zu solchen Einsichten vorgearbeitet hat, vermochte keinen Wandel im System zu bewirken. Aber es ist eine Bewußtseinsänderung zu verspüren, die – so ist zu hoffen – im Kontext mit den wirklichen Demokraten unseres Landes Recht und Ordnung zu Recht und Ordnung im originären Sinn und nicht zur politischen Stimmungsmache umfunktioniert. Noch aber schützt die Polizei auch die Systeme, denen sie, milde gesprochen, ihre Magengeschwüre verdankt.

Es ist schwer, den Nachweis zu führen, wieweit die Polizei an diesen Umständen nicht ein hohes Maß an Mitverantwortung oder Schuld trägt. Schuld aber kann hier nur definiert werden mit: »Stillhalten – Maulhalten – und mitlaufen«. Aber die Vergangenheit dieser oft zur Vorschrift erstarrten Grundhaltung (nicht gedruckt, aber reichlich befolgt) ist tradiert.

Sie ist nicht dem Wachtmeister an der Kreuzung anzulasten, sondern der ihm übergeordneten Bürokratie oder jenen arrivierten Kollegen, die, wie erwähnt, in abgeblendeten Autos während der Nacht den Dienst ihrer Beamten mit der Stoppuhr kontrollieren. In deren Fäusten bündeln sich schließlich die Fäden, an denen die Vollzugsbeamten wie Marionetten tanzen.

Es hat »vieler Vorträge und reichlicher Aufklärungsarbeit bedurft, um die Polizeibeamten davon zu überzeugen, daß ihre sachfremde Verwendung wesentlich mit dazu beigetragen hat, unnötig mit der Bevölkerung zu kollidieren. In dem Maß, in dem sie sich an alltäglichem Kleinkram verschleißt, reibt sie sich auch mit dem Bürger (oder am Bürger), der seinerseits nicht einzusehen vermag, daß sich die Polizei ›um jeden Dreck‹ zu kümmern habe.

Darum darf sich die Polizei auch nicht wundern, wenn andererseits die Leute sie wegen jeder Kleinigkeit in Anspruch nehmen. Und nicht nur aus diesen Gründen heißt es Abschied nehmen von bequemen und unbequemen Gewohnheiten« (Heinrich Krüger).

Geht man von der Annahme aus, daß Polizeiarbeit entrümpelt wird und daß sich die entlasteten Beamten ganz der Sicherheit der Gesellschaft widmen können, dann würde nach Krüger gut ein Drittel der Polizei frei für ihren präventiven Auftrag.

Darin liegt natürlich eine gewisse Spekulation, denn nur die bekanntgewordenen, aufgeklärten oder unaufgeklärt gebliebenen Straftaten sind statistisch nachweisbar, nicht aber jene, die durch eine funktionierende Polizei verhindert worden sind oder verhindert werden könnten.

Die Auswirkung auf den Personalstand würde sich dagegen nur bedingt auswirken, denn da, wo die Polizei ihre sinnlos besetzten und funktionsfremden Stühle für Arbeiter, Angestellte, Verwaltungs- und technische Beamte freigibt, um sich funktionsgerecht an Tatorten zu realisieren, müßten dementsprechend andere Kräfte neu eingestellt werden. Nur ist deren Ausbildung eben weit billiger als die der Polizeibeamten.

Die präventive Funktion der Polizei würde nur so zum Primärmotiv polizeilichen Handelns, und nur so könnte ihre streckenweise repressive Funktion abgebaut werden.

Das wäre freilich von revolutionierendem Charakter im Gebäude deutschen Vollzugsdenkens. Es würde der Überzeugung Rechnung tragen, daß es im nachindustriellen Zeitalter nur um Arbeit gehen sollte, die jedem einleuchtet. Bis dahin wird es seine Zeit brauchen. Aber die ersten Schritte scheinen Schule zu machen. Und weil sich so etwas herumspricht, besteht Grund zur Annahme, daß unsere Polizei eines hoffentlich nicht mehr fernen Tages wirklich *unsere* Polizei ist und nicht in überflüssigem Maß die Polizei der Behörden und Verwaltungen, die sich in einem Getriebe des selbstgezimmerten Hochleistungsleerlaufs ihrer bedienen wie Boten oder Dienstmädchen.

Richtig: Wir sitzen doch alle in einem Boot. Das Boot überzeugt, nicht die Navigation.

Das große Nein und das kleine Ja zum Psychologen

Wer im Gefängnis geboren ist,
liebt das Gefängnis.

Daß die Polizei in schwierigen Lagen den Psychologen um »Geburtshilfe« bittet, diesen also nach einer psychologisch ausgewogenen Taktik befragt, ist nicht neu. Das wurde schon während der politischen Turbulenzen in der so experimentierfreudigen Weimarer Republik praktiziert. Dennoch sind solche Konsultationen im Ablauf der Jahre, in denen Deutschland nach dem Zweiten Weltkrieg eine Demokratie sein durfte, Randerscheinungen.

Ist auch die für die Polizei brauchbare, aber auf die Polizei weniger anwendbare Psychologie relativ älteren Datums, so ist ihre Nutzbarkeit jedenfalls in jüngster Zeit wieder erkannt und schrittweise erprobt worden. Aber nach allem, was man über die Polizei weiß, basiert die Erkenntnis von der Brauchbarkeit psychologischen Wissens und Handelns nicht auf Fortschrittseifer, sondern auf einem Erfahrungsschatz, den zu sammeln sie während demokratischer Demonstrationen oder während der Demonstrationen in einer beim Wort genommenen Demokratie reichlich Gelegenheit hatte. Unter diesem Aspekt hat die Polizei im Verein mit den Psychologen Neuland betreten. Sie ist, wenn man so will, den demokratischen Spielregeln entgegengekommen, aber

nur mit halbem Herzen. So muß konstatiert werden, daß sich die Psychologen für die Polizei und ihre Arbeit mehr interessieren als die Polizei für die Psychologen und die Psychologie. Tastende Ansätze einer Zusammenarbeit zwischen Polizei und Psychologen ergaben sich zunächst bei der Auswahl des Polizeinachwuchses. Aber erst zwischen 1950 und 1960 traten einige Diplompsychologen in den Polizeidienst ein. Mit dem erst 1948 offiziell konstituierten Hochschulabschluß »Diplompsychologe« gab es jedoch nur die Möglichkeit, in der Einheitslaufbahn der Polizei von der Grundausbildung an aufzusteigen und als Diplompsychologe den normalen Polizeidienst »abzuleisten«. Ein Weg, der die damals eingestellten Psychologen direkt der Kriminalpolizei zuführte, sie aber dem normalen »Vollzug« praktisch entzog.
Wie schon angedeutet, wurden psychologische Erkenntnisse aus der Vorkriegszeit für die Ausbildung der Polizei wiederentdeckt. Besonders das Land Nordrhein-Westfalen baute den psychologischen Unterricht systematisch aus und machte so das Lehrfach Psychologie für die Polizei wenigstens salonfähig, wennschon nicht revierfähig. Als erstes Bundesland suchte es auch den Kontakt zu psychologischen Instituten und ihren Beratern, die ihre Kenntnisse (der inzwischen weiterentwickelten wissenschaftlichen Psychologie) längst in die Werbung und die sogenannte Nachwuchsauslese vieler Berufsdisziplinen eingebracht hatten.
Während der sechziger Jahre sah sich die Polizei in verschiedenen Großstädten erstmals vor der noch ungewohnten Situation, mit großen Gruppen junger Bürger, vor allem Studenten, in Konfrontation zu geraten. Diese Konfrontationen, euphemistisch mit dem Wort »Studentenunruhen« umschrieben, veranlaßten die Stadt München, im Jahre 1962 einen Psychologen speziell für den Kontakt mit inzwischen »polizeiverdrossenen Bevölkerungsgruppen« einzustellen. »Polizeiverdrossen« war nahezu jeder (und selbst mancher innerhalb der Polizei), weil, wie vorauszusehen war, die gesellschaftlichen Prozesse den Paragraphen und ihren Hütern inzwischen davongelaufen waren.

Journalisten, Studenten, die seinerzeit aufbegehrenden Gruppen der außerparlamentarischen Opposition (APO), die Kraftfahrer, die sogenannten Halbstarken und viele andere sich kritisch und individuell entfaltenden oder gebärdenden Gruppen einer sich abzeichnenden pluralistischen Gesellschaft waren nun die »Zielgruppen« des Polizeipsychologen, der meist mit Argumenten und ethischen Appellen der Konfrontation vorzubauen hatte.
Sie ließ sich zwar nicht vermeiden, denn je nach ihrer im soziologischen Sinn verstandenen Qualität suchten manche dieser Gruppen ein neues Demokratieverständnis und eine dementsprechende Polizei, dennoch konnte man in den Polizeipräsidien darauf verweisen, daß Äußerste getan zu haben, um Kollisionen zu vermeiden. Zudem muß zugegeben werden, daß wenigstens einige Konfrontationsansätze tatsächlich gebremst oder gar paralysiert werden konnten.
Ebenfalls seit 1962 erarbeitete die vom Land Nordrhein-Westfalen mitfinanzierte »Studiengruppe für politologische Kommunikationsforschung« (POKO) wissenschaftliche Grundlagen zur Erhellung der Bürger-Polizei-Konflikte. Die Demonstrationswelle zu Anfang der sechziger Jahre lieferte ihr zahlreiches und hintergründiges Untersuchungsmaterial. 1967 schließlich gab die bayerische Bereitschaftspolizei einer »überregionalen Polizei-Öffentlichkeit« (POKO) die Chance, die Untersuchungsergebnisse der POKO in einem zweitägigen Seminar für Einsatzleiter darzulegen. Bei dieser Gelegenheit wurden die Fronten zwischen der deutschen Polizeipsychologen-Tradition und einer neuen, wissenschaftlichen Psychologie zum ersten Mal offenkundig. Die charakterologischen Ansätze, die fraglos wissenschaftlich kolorierte »Beweise« für die Verwerflichkeit des Täters oder Störers gesucht und angeboten hatten, erwiesen sich unverändert als Orientierungsbasis für die Polizei und ihr Handeln. Speziell die literarischen Arbeiten des Gustave Le Bon waren wider besseres Wissen als scheinbar gesicherte wissenschaftliche Aussage in die Einsatzkonzepte aufgenommen worden.
Auf der Lehre Le Bons hatte zunächst der »Psychologische Dienst« der Münchner Polizei seine Thesen aufgebaut:

tiefenpsychologisch orientierte Bilder und die Lorenzschen Analogien zum Verhalten der Graugänse und Hunde hatten sich zu der Vorstellung verdichtet, in der drohenden Auseinandersetzung mit Gruppen gelte es für die Polizei, ein maximales »Imponiergehabe« zu demonstrieren, was zweifellos polizeilichem Denken entgegenkam.
Das Konzept der Gewalt, der Ankündigung und der exemplarischen Ausübung direkter körperlicher Gewaltanwendung war also als zwangsläufige Alternative zu der Vorfeldarbeit des Psychologen erkannt und anerkannt worden.
Die Untersuchungen der POKO aber hatten demgegenüber zu zwei Ergebnissen völlig anderer Art geführt:

1. Das an Le Bon, Freud und Lorenz orientierte Einsatzkonzept der Polizei liefert in der Konfrontation für Störer oder Straftäter die Verhaltensmuster. Darum ist die Eskalation der in der Konfrontation eingesetzten Mittel die logische Folge. Dabei sollte es doch um nichts anderes gehen als um den Abbau der Eskalation, um die Entschärfung der Konfrontation und folglich auch um die Entkriminalisierung der betroffenen Gruppen. (Die Voraussetzung zu all dem freilich ist, daß die Polizei in ihrer Gesamtheit solches will und willens ist, die Konsequenz zu ziehen.)

2. Die ursprüngliche polizeiliche Funktion, nämlich die Repräsentanz der Bevölkerungsnormen über das Verhalten in der Öffentlichkeit, geht in dem Ausmaß verloren, in dem die Polizei Mittel einsetzt, die der Bevölkerung selbst nicht zur Verfügung stehen.

Die gegenseitige Abhängigkeit zwischen Polizei und Straftätern bzw. Störern wurde seit 1967 von einer zunehmenden Anzahl leitender Polizeibeamter als die mögliche Ursache extremer Konfrontation eingesehen. Zu diesen gehörte allerdings nicht der Kasseler Polizeidirektor Quittnat, um einen Namen zu nennen, der jedenfalls noch 1968 folgende Meinung vertrat:
»Was uns, d. h. den Polizeibeamten, die Psychologen zu bescheren versuchen, geht am deutlichsten hervor aus einem Interview des Psychologen Sieber... Hier empfiehlt Herr

Sieber allen Ernstes, und das ist kein Witz, beim geschlossenen Einsatz den einzelnen Beamten aus dem unmittelbaren Kontakt mit seinen Vorgesetzten zu entlassen. Wie dann eine verantwortungsbewußte Führung zum Schutz des Bürgers, aber auch des Polizeibeamten überhaupt möglich sein kann, dieses Rezept sollte uns Polizeiführern Herr Sieber einmal verraten.«

Und an anderer Stelle:

»Was soll man davon halten, wenn empfohlen wird, mit den ›Störern‹ zu diskutieren? ... Was not tut, ist eine echte zahlenmäßige Verstärkung der Polizei und eine Heranbildung von Psychologen, meinetwegen auch unter Verwendung eines Hochschulstudiums. Diese Psychologen müßten aber aus dem Polizeiführungsdienst kommen und hier erst einmal praktisch gearbeitet haben ... [1].«

Mit anderen Worten: dem Polizeidirektor Quittnat, der nicht versäumt, auf seine Provenienz hinzuweisen (»Vor 1933 stand ich als junger Polizeioffiziersanwärter im Einsatz ...«), paßt die ganze Richtung nicht, denn »... wir kannten keine Prügelszenen zwischen Polizei und Demonstranten. Die Demonstranten kamen im geschlossenen Einsatz einfach an die polizeiliche Absperrung nicht heran. Wir hatten den damaligen Zeiten entsprechend andere Waffen, um abschreckend zu wirken ... [2].« Und so bleibt die Frage offen, wo Herr Quittnat und seinesgleichen, unter welchen herrlichen Zeiten, mit welchen Waffen denn Dienst getan hat und ob er denn »den damaligen Zeiten entsprechend« wieder Maschinengewehre auffahren lassen möchte gegen Demonstranten, denen das Recht zu demonstrieren im Grundgesetz verbrieft ist.

Wie dem auch sei, trotz aller Widerstände in den eigenen Reihen war es wieder die Stadt München und ihr progressiver Polizeipräsident Schreiber, die sich als erste zu einer praktischen Erprobung des neuen Psychologiemodells der POKO entschloß (Anhang S. 195 ff.). Gegen Ende des Jahres 1968 zeichnete sich bereits der erste Erfolg bei der Behandlung von Demonstrationsstörungen ab. Die Zahl der weitflächigen Konflikte verringerte sich. Insbesondere jene Großstädte, die bei ihrem Polizeimodell und mit ihm bei den

Anfangsgründen der Psychologie blieben, bekundeten Anerkennung und Interesse an dem, was als »Münchener Linie« seine erste Bewährung bestand. Zugleich aber wurde die Formel von der sogenannten »weichen Welle« in unserer Polizei in Umlauf gebracht, ein ähnlicher Vorgang, der einst die »innere Führung« der Bundeswehr und mit ihr einen der führenden Köpfe, Graf Wolf von Baudissin, auf miserable Weise bis heute abqualifiziert hat.
Aber ungeachtet der pseudokritischen Stimmen zog das Münchener Polizeipräsidium auch im innerbetrieblichen Bereich seine Konsequenzen aus der sozialpsychologischen Erkenntnis, nach der einerseits das Verhalten des Polizeibeamten das Verhalten seines Vorgesetzten widerspiegelt und andererseits die strafrechtlich und ordnungsrechtlich extremen Gruppen der Bevölkerung ihr Verhalten an dem Verhalten der Polizei orientieren.
So wurde in München schon 1969 jener als »Psychologie« getarnte »charakterologische Anstandsunterricht« endgültig aus den Lehrplänen verbannt, der den Beamten des mittleren Dienstes einerseits die »Feindlage« ethisch untermauerte und andererseits zweifelhafte Tricks und »Anstandsregeln« angeboten hatte (»freundlich ansprechen«, »geduldig erklären« oder »Ehrenrühriges überhören!«). Statt dessen wurden Themen aus der Sozialpsychologie, der Erforschung des Gruppenverhaltens und der Führungstechniken in den Vordergrund der Lehre gerückt.
1970 endlich schien sich in der Polizei die Auffassung durchgesetzt zu haben, daß ein Diplompsychologe zur Polizeiorganisation gehören sollte. Dem gingen freilich Machtkämpfe voraus, die – ohne hier ins Detail gehen zu wollen und zu können – in einem Stil ausgetragen wurden, der allein ausreichte, die menschliche Dürftigkeit der konservativen Vertreter namentlich im Personalrat zu beweisen ... Dabei ging es keineswegs nur um die Etablierung eines Psychologen in der Münchener Ettstraße, dem Sitz des Münchener Polizeipräsidiums.
Hier wie in anderen Fällen setzte der eloquente Münchener Polizeipräsident Dr. Manfred Schreiber seine Meinung ge-

genüber jenen durch, die unbekümmert darauf verwiesen: »sie seien schließlich ganz normal und brauchten keinen solchen Spinner« [3]. Mit Spinner war der Polizeipsychologe gemeint. Schreiber konterte mit dem Argument:
»Wir brauch(t)en keinen Psychologen, weil etwa unsere Beamten schlechtere Manieren gehabt hätten als unsere Kunden. Es ging uns darum, im Umgang mit der Bevölkerung stärker auf die Zwischentöne der Motive zwischen Recht und Unrecht zu achten. Das bedarf der fachkundigen Schulung. Ferner mußte das Verhältnis der Polizei zur Jugend revidiert werden. Aufgabe des Psychologen war es dabei, den Beamten die Denk- und Verhaltensweise der modernen Jugend verständlich zu machen [4].«
In Zusammenarbeit mit den Massenmedien und insbesondere mit den Mitarbeitern einer Fernsehsendung des Bayerischen Rundfunks, die sich »mit Fragen und Fakten zur aktuellen Diskussion über Brutalität und Gewalt« befaßte, gab der Münchener Polizeipräsident ein Interview, in dem er ausführlich über neugewonnene Einsichten und Ergebnisse berichtete:

Frage: Wie wird die Polizei auf Gewaltanwendung vorbereitet?

Dr. Schreiber: In dreierlei Hinsicht: einmal psychologisch, zum anderen physisch und zum dritten rechtlich.

Frage: Man spricht von einer »weichen Welle« der Münchener Polizei. Was leistet sie, um Gewaltanwendung zu verhindern?

Dr. Schreiber: Die »weiche Welle« ist ein wenig vereinfacht; wir hören das Wort nicht gern, und zwar deshalb nicht, weil es bei uns keine »weiche Welle« gibt und weil es auch keine harte Welle geben kann. Das Schlagwort von der »weichen Welle« bedeutet in Wirklichkeit die legale verhältnismäßige Anwendung von Recht und Gesetz. Diese verhältnismäßige Anwendung von Recht und Gesetz wird bei uns insbesondere mit psychologischen Mitteln unter dem Oberbegriff »Münchener Linie« praktiziert, d. h. also, Vorrang psychologischer

Mittel vor der Anwendung unmittelbarer Gewalt und unmittelbaren Zwangs; das ist etwa das, was Sie als »weiche Welle« bezeichnet haben und was wir als Legalitätsgrundsatz unter strikter Beachtung der Verhältnismäßigkeit betrachten.

Frage: Können Sie uns Beispiele geben für Erfolge und Mißerfolge dieser Münchener Linie?

Dr. Schreiber: Ja, ein Mißerfolg, das waren sicher die Schwabinger Krawalle. Damals gab es diese Münchener Linie noch nicht, und damals haben wir diese Dinge eigentlich undifferenziert gesehen. Der Lernprozeß, den die Polizei überall, nicht nur in München, durchgemacht hat, hat inzwischen zu einer verbesserten, zu einer differenzierten Behandlung geführt; ein Beispiel dafür, wie sich das geändert hat, ist das Konzert des Sängers Johnny Holliday, der zu spät in den Circus-Krone-Bau kam. Die dort anwesenden Jugendlichen waren schon sehr unruhig geworden. Es war zu befürchten, daß der Circus-Krone-Bau auseinandergenommen wird. Unter normalen Umständen wäre die Frage der Polizei: Wieviel sind drin? 3 000 – Wieviel brauchen wir? Zwei Hundertschaften, zwei Wasserwerfer, zwanzig Pferde, fünf Hunde, und dann müssen wir den Saal frei machen. Wir haben anders reagiert: Unser leitender Beamte ging auf die Bühne und erklärte den Jugendlichen: Freunde, wir werden euch den Johnny Holliday mit Blaulicht und Sirene heranbringen, sobald das Flugzeug gelandet ist. Als Johnny Holliday gelandet war, haben wir ihn tatsächlich auf diesem Weg zu den Jugendlichen gebracht. Die Polizei hat etwas gekonnt, was dem Veranstalter für ein entsprechendes Eintrittsgeld nicht möglich war: nämlich den Johnny Holliday rechtzeitig und gut herbeizubringen. Unsere erste Frage war also nicht die Wiederherstellung des ordnungsgemäßen Zustandes durch Einschreiten, sondern durch Beseitigung der Ursache, also rechtzeitiges Herbeibringen des Herrn Holliday.

Frage: Wie werden die psychologischen Erkenntnisse den Polizeibeamten vermittelt?

Dr. Schreiber: Nun, das kommt auf die Einsatzart und das kommt auf die Einsichtebene an. Primär drei Ebenen: einmal die leitende Ebene, dort kommt es darauf an, diese Dinge wissenschaftlich bewußt zu machen im Sinne der Psychologie, und die Fähigkeit mitzubringen, derartige Dinge weiterzuvermitteln, das macht unser psychologischer Dienst.
Also psychologisch, in dem der Versuch unternommen wird, es überhaupt nicht zu einer Konfrontation kommen zu lassen, die Begegnung überhaupt zu unterbinden und durch Zureden oder Überzeugen einen Erfolg zu erreichen; dann physisch, indem die Ausbildung in Judo und ähnlichen Formen der Selbstverteidigung so weit vorangetrieben wird, daß der letzte Gebrauch des Machtmittels, nämlich die Schußwaffe, verhindert oder soweit als möglich hinausgeschoben werden kann; und rechtlich, indem die eben erwähnten Vorschriften über den Gebrauch der Schußwaffen so gelehrt werden, daß jeder Beamte sich der Grenzen jederzeit bewußt ist.
Auf der zweiten, der mitführenden Ebene kommt es auf eine Mischung zwischen wissenschaftlicher Erkenntnis und pragmatischer Anwendung an. Ein Beispiel ist dieser eben erwähnte Fall des Herrn Holliday. Der leitende Beamte weiß, wie er in dieser Situation zu reagieren hat, aber nur auf der Basis wissenschaftlicher Erkenntnisse. Wir haben diese Basis beispielsweise dadurch geschaffen, daß wir unsere Beamten dieser Führungsebene zu Beatkonzerten eingeladen haben. Wir haben uns eine Beat-Band, eine Beat-Combo von Radio Bremen geholt, haben den Musikkritiker Schmidt-Joos, der jetzt beim »Spiegel« ist, gebeten, und er hat unseren Beamten an einem Tag erklärt, welche Gefühle und Emotionen Jugendliche bei dieser Art von Musik haben können. Und am Ende dieser Veranstaltung, als das Schlußstück gespielt wurde, haben auch die älteren Polizeibeamten den Rhythmus mit dem Fuß mitgestampft, ohne Beatanhänger geworden zu sein. Aber sie haben mit diesem Phänomen ein bißchen mehr anfangen können als vorher.
Und auf der untersten Ebene einfach in einer sehr pragmatischen Form: nämlich wie wir es vor 9 Jahren in einem Heftchen im Umgang mit den Verkehrssündern geschrieben ha-

ben – die Regel 8 beispielsweise: »Lerne es, aufreizende Bemerkungen zu überhören«, wahrscheinlich sind diese darauf zurückzuführen, daß der angehaltene Fahrer aufgeregt ist; unter normalen Umständen würde er solche Bemerkungen nicht machen. Oder die Regel 12, die da heißt: »Demütige niemals einen Verkehrssünder; wenn du versuchst, ihm zu beweisen, wie dumm er ist, so kann das deiner Sache in keiner Weise dienlich sein.« Wir haben Regeln herausgegeben, in denen beispielsweise steht: »Mach einen Vater nicht vor seinen Kindern dumm, sonst wird er dir beweisen wollen, wie gescheit er ist – und damit ist die Aggression da«, oder: »Wenn eine Frau – noch dazu eine hübsche Frau – neben ihm am Steuer sitzt, versuche nicht, ihn herabzusetzen – er hat die kavaliersmäßige und biologisch notwendige Verpflichtung, sich dagegen massiv zu wehren, und damit ist eine Konfrontation hergestellt.«
Wir tun (also) für unsere Beamten in dieser Hinsicht sehr viel, und wir hoffen, daß diese psychologischen Einsichten von den Bürgern honoriert werden [5].

In der Tat honorierten die Bürger den Stilwandel in der Polizei, der im Alltag spürbar geworden war und der in zahlreichen Briefen an den Münchener Polizeipräsidenten seinen Ausdruck fand.

Ähnliche Erfahrungen machten später auch jene Länder, die einen festbesoldeten Psychologen für die Ausbildung und Fortbildung der Polizei einsetzten: also Hamburg, Bremen, Hessen und schließlich die Stadt Frankfurt (die einen Soziologen einstellte).

Berlin ließ die psychologische Fortbildung durch einen Lehrvertrag fortsetzen, und in Nordrhein-Westfalen wurde die psychologische Ausbildung und Fortbildung durch festangestellte Psychologen *und* Lehrverträge gesichert.

In München übernahmen ab 1970 psychologisch geschulte Polizeibeamte die Lehrfunktion des Diplompsychologen und damit große Bereiche der sogenannten »Vorfeldarbeit«. Für diese Beamten setzte sich schließlich in der Öffentlichkeit der Begriff »Polizeipsychologe« und »Psychologischer Dienst« durch.

Der Diplompsychologe nahm als Leiter der Dienststelle »Psychologischer Dienst« Beratungsaufgaben gegenüber den leitenden Stellen des Polizeipräsidiums wahr, entwarf und entwickelte spezielle psychologische Projekte und hielt Seminare für den gehobenen und höheren Dienst der Polizei. Daß die Psychologie in Führungsaufgaben der Polizei einbezogen wird, markiert demnach eine neue Entwicklungsstufe der Psychologie in der Polizei. Die begleitende Projektarbeit beweist zugleich die Verschmelzung der psychologischen Arbeit mit großen Teilen polizeilicher Praxis:

1968/69: Entwicklung der polizeilichen Taktik bei Großgruppeneinsätzen. Die Taktik des »integrierten Einsatzes« uniformierter Polizeibeamter löst die Tradition des »geschlossenen Einsatzes« ab und wird eine international anerkannte Einsatzalternative.

1970/71: Entwicklung aggressionshemmender Ansprech- und Kontakttechniken für die polizeiliche Vernehmung und das polizeiliche Einschreiten. Die psychologischen Grundlagen dieser Techniken werden zugleich der Ausgangspunkt für das psychologische Einsatzkonzept in der Zeit der Olympischen Spiele in München.

1972: Entwicklung einsatzorientierter Ausbildungstechniken für den Schußwaffengebrauch, nachdem insbesondere die Art und die Zahl der Banküberfälle die Polizei vor bisher in Deutschland nicht gekannte Probleme stellte.

Es ist anzunehmen, daß das Münchener Konzept eines polizeilichen »Psychologischen Dienstes« tiefer in die Organisation und Praxis der polizeilichen Arbeit eindringt. Aber es ist »ein Konzept auf dem Probestand«, wie Georg Sieber vorsichtig formulierte. Ein Konzept, das schließlich darin gipfeln soll, psychologisch ausgebildete Polizeibeamte in die Lage zu versetzen, die sich ständig erweiternden Erkenntnisse der Psychologie aufzunehmen und in die praktische Polizeiarbeit »einzufädeln«.

Die praktische Polizeiarbeit wird bereits in sogenannten Planspielen geprobt, in denen eine präzise Lage gegeben wird, eine Lage oder Situation, die, basierend auf Erfahrungen, aller Wahrscheinlichkeit nach einmal eintreten könnte. Psychologisch geschulte oder psychologisch zu schulende Polizeibeamte sehen natürlicherweise einer solchen Situation mit anderen Überlegungen entgegen als solche, die nach alten Rezepten auf jede Lage mit den herkömmlichen Abwehrmitteln reagieren.

So wurden lange vor dem Beginn der Olympischen Spiele von der Münchener Polizei bereits sogenannte »Normen der Olympischen Spiele im Spiegel polizeilichen Einschreitens« erarbeitet. Sie gingen von folgenden Voraussetzungen aus: »Die Olympischen Spiele sind das Bekenntnis aller Staaten zum friedlichen Wettkampf der Völker.«

Die Erfahrungen vergangener Spiele haben gezeigt:

– Gewaltsame Auseinandersetzungen belasten stets das Gastland.
– Gewaltsame Auseinandersetzungen werden stets auf Fehler der Polizei zurückgeführt.
– Gewaltsame Auseinandersetzungen werden stets mit innenpolitischen Krisen des Gastlandes in Verbindung gebracht.

Die Vorstellung, Olympische Spiele müßten unter allen Umständen frei von Gewaltanwendung und Störungen bleiben, entspricht zwar den Normen der Spiele, aber diese Vorstellung erweist sich in der Praxis als nur schwer realisierbar, wenn eine Interessengruppe den friedlichen Hintergrund der Spiele als publicitywirksamen Kontrast für Konfrontationen mit Polizei- und Ordnungskräften nutzen will.

Der Strategie solcher Gruppen entspricht es, nicht selbst mit einem Gewaltakt zu beginnen, da damit die Sympathien der Weltöffentlichkeit aufs Spiel gesetzt würden. Vielmehr wird versucht, durch gewaltlose Aktionen eine offene Gewaltanwendung der Polizei- und Ordnungskräfte herauszufordern, um eigene Gewaltmaßnahmen als »Notwehr« glaubwürdig zu machen. Die Aufgabe der Polizei ist es daher, die Anwendung unmittelbarer Gewalt bis zum letzten hinauszuzögern.

Wenn man so will, handelte es sich also um ein Planspiel, in dem bestimmte Ernst- und Konfliktfälle vorweggenommen wurden, damit »die Olympischen Spiele möglichst heiter werden«[6].

Was dann tatsächlich in München geschah und jede Heiterkeit jäh auslöschte, war brutaler, heimtückischer und mörderischer, als es eingeplant und »durchgespielt« worden war. Das Feld Olympischer Spiele als Ort blutigen Terrors erschien, obwohl von Georg Sieber als »Lage 21« visionär beschrieben und Ende Februar 1972 zum Planspiel empfohlen, als »zu unrealistisch«. Doch das »Unrealistische« wurde am 5. September 1972 furchtbare Wirklichkeit und zur Demonstration polizeilicher Ohnmacht.

Für eine Rundfunksendung am 17. März 1972 hatten Dr. Werner Hill und Dr. Bernt Richter, beide polizeierfahrene Journalisten, eine Unterrichtsstunde aufgenommen, die deutlich machte, wie differenziert und interessiert die Polizeibeamten die Thematik durchdachten und erarbeiteten. Leiter dieser Stunde war Georg Sieber. Hier einige Auszüge:

Georg Sieber: »Jeder weiß, daß die Olympischen Spiele ein Weltfriedenssymbol sein sollen, daß die Olympischen Spiele den friedlichen Wettbewerb der Völker zeigen sollen. Und das ist natürlich für sehr viele Gruppen, die sich aus politischen oder aus anderen Gründen darstellen möchten – vielleicht auch einfach aus ganz verrückten und neurotischen Gründen –, für solche Einzelpersönlichkeiten und Gruppen ist das natürlich die große Gelegenheit zu zeigen, daß dieser Frieden nur ein Scheinfrieden ist. Aus allen vergangenen Spielen haben wir gelernt, daß gewaltsame Auseinandersetzungen stets zu Lasten des Gastlandes gehen. Wenn es also irgend jemandem gelingt, in München eine Konfrontation mit der Polizei auszulösen: Wie immer sie ausgeht, sie geht zu Lasten unseres Landes. Das zweite ist: Gewaltsame Auseinandersetzungen, egal, wer angefangen hat, werden im Endeffekt immer der Polizei angelastet. Unser Problem ist jetzt: Können wir überhaupt polizeilich einschreiten, ohne jemals Gewalt anzuwenden? Ist das vorstellbar?«

1. Polizeibeamter: »Ja, freilich ist es vorstellbar. Nur würde ich das Wort ›jemals‹ auslassen. Wir müssen uns vor allem über eines im klaren sein: daß man gerade bei uns den Dingen mit viel mehr Vorbehalten begegnet als in jedem anderen Land und daß eben die Polizei aufgrund einer Geschichte, die wir gar nicht vertreten können und nicht zu vertreten haben, mit ganz anderen Augen gesehen wird; das heißt, man wird uns viel weniger objektiv und dafür viel ungerechter behandeln, als es anderswo der Fall wäre . . .«

Georg Sieber: »Wenn wir jetzt mal die Frage der Beurteilung durch die Weltöffentlichkeit ganz beiseite lassen und das einmal auf das Prinzip zurückführen: Kann man Ordnung schaffen, wie Dr. Schreiber einmal sagte, mit den Händen in der Hosentasche?«

2. Polizeibeamter: »Ich glaube, diesen Freibrief kann man nicht geben, denn auf der anderen Seite steht ja unsere Verpflichtung, aus dem Legalitätsprinzip, aus dem Zwang zur Strafverfolgung heraus . . . Es wird sich irgendwo eine Grenze zeigen, und wenn die erreicht ist, dann ist mit den Händen in der Hosentasche eben nichts mehr zu machen. Wenn uns alle Störer das glauben würden, dann würden sie auf Störungen verzichten, weil sie ja dann den spektakulären Polizeieinsatz nicht erreichen, den sie ja wollen, um zum Erfolg ihrer Störungen zu kommen; denn sie wollen sicherlich nicht allein die Spiele stören, sondern sie wollen auf sich aufmerksam machen und . . . irgend etwas erreichen, was man heute sicherlich noch nicht weiß.«

Georg Sieber: »Wie wäre der Vorschlag, wenn wir sagen: Die Münchener Polizei wird während der Münchener Spiele beispielsweise keine Waffen tragen und keine Schlagstöcke?«

1. Polizeibeamter: »Ich glaube, daß sich das nicht in irgendeiner Form schlägt, was ich gerade gesagt habe. Vom Gebrauch der Waffe oder vom Gebrauch des Schlagstockes ist ja dann noch nicht die Rede, sondern es geht um die Anwendung von irgendwelchen Zwangsmitteln, und die sind ja nicht abhängig vom Waffengebrauch.«

3. Polizeibeamter: »Man muß sich sagen: Im Rahmen der Sicherheit der Spiele müssen diese Störungen beseitigt werden. Und dann wird es wohl nicht zu umgehen sein, daß man einen gewissen unmittelbaren Zwang anwendet.«

1. Polizeibeamter: »... sofern also andere Mittel, sprich psychologische Mittel, keinen Erfolg zeigen?«

4. Polizeibeamter: »Also, so global, wie Sie das vorhin zum Ausdruck gebracht haben, ist das nicht praktikabel. Denn das Gegenüber ist entscheidend für das Verhalten der Polizei; es spielt jedenfalls eine sehr große Rolle. Und da dürfte es in einzelnen Fällen möglich sein, daß die Polizei sehr konkret vorgeht, um eine Störung, die den olympischen Frieden stören kann oder eine Situation heraufbeschwört, die im Zusammenhang mit den Olympischen Spielen nicht tragbar ist, abzustellen.«

Georg Sieber: »Ja, was heißt: ›Nicht tragbar‹? Das ist ja das Problem!«

5. Polizeibeamter: »Das ist die Beurteilung des entsprechenden Einsatzleiters. Das muß man vorausschicken, daß diese Leute das beurteilen können.«

Georg Sieber: »Was macht es erforderlich, zum Beispiel eine Störung nicht einfach abzuwarten, bis sie vorbei ist, sondern was macht es eigentlich erforderlich, wirklich einzuschreiten? Erfordert das Legalitätsprinzip unser sofortiges Handeln?«

6. Polizeibeamter: »Ich darf Ihnen zum Vollzug des Legalitätsprinzips doch noch ein Beispiel geben: Es war vor einigen Jahren während der Demonstrationszeiten, da war ich als Nachaufsicht vor der Universität eingeteilt; ich hatte einen Streifenwagen und einen Motorradfahrer dabei. Vor der Universität befanden sich noch etwa 150 Demonstranten, darunter eine sehr harte Gruppe, und aus dieser harten Gruppe wurde ein Farbbeutel mit roter Farbe auf den Motorradfahrer und auf den Wagen geworfen. Es war alles besudelt, und ich hatte genau gesehen, wer geworfen hatte. Nun hatte ich zwei Möglichkeiten, den Mann eben sofort festzunehmen und der

Strafermittlung zuzuführen oder dies zu einem späteren Zeitpunkt zu tun. Hätte ich sofort zugegriffen, wir hätten ihn unter Umständen sicherlich festnehmen können, aber wir hätten eine Schlacht entfesselt, und genau das wollten die Demonstranten, weil sich ja während der Demonstration, die immerhin ein paar Stunden gedauert hat, nichts Besonderes ereignet hatte. Wir haben dann darauf verzichtet. Dieser Farbbeutelwerfer konnte später von einem ... Zivilbeamten festgestellt und der Strafermittlung zugeführt werden.«

Georg Sieber: »Aber wie ist es jetzt, wenn Leute gestört werden, die eben nicht zur Polizei gehören? Also *wir* würden es ja noch hinnehmen, im allgemeinen mit Farbbeuteln, Eiern oder unanständigen Worten beworfen zu werden – nur wenn es sich zum Beispiel um ein Staatsoberhaupt einer fremden Regierung handelt oder um Gäste, die eigentlich nicht nach München gekommen sind, um sich beleidigen zu lassen?«

5. Polizeibeamter: »Ich würde meinen, selbst ein Staatsoberhaupt müßte sich unter diesen Umständen eine gewisse Störung gefallen lassen oder müßte sie in Kauf nehmen. Die Grenze zu ziehen bleibt letztlich dann schon dem Einsatzleiter vorbehalten. Aber gewisse Störungen sollte er auch hinnehmen.«

7. Polizeibeamter: »Es wird doch kein Mensch behaupten wollen, daß es in irgendeiner Form möglich ist, einen solch großen Personenkreis, der zu erwarten ist und der mit dem besonderen Sicherheitsgrad versehen ist, so zu schützen, daß nichts passieren kann. Es ist ein Kennedy erschossen worden, es ist ein zweiter Kennedy erschossen worden; beide haben bestimmt auch ihren persönlichen Schutz gehabt.«

6. Polizeibeamter: »Ich glaube, da gibt es eine Grenze. In dem Moment, wo die Gefahr besteht, daß Menschen zu Schaden kommen oder daß Sachbeschädigungen vorkommen, dann glaube ich, kann man den Zeitpunkt des Einschreitens nicht mehr verlegen, sondern dann wird es erforderlich sein, diese Sachen oder diese Menschen zu schützen, ungeachtet der Auswirkungen, die dann entstehen können.«

Georg Sieber: »Ich dürfte also bei irgendeiner Straftat einschreiten, selbst wenn ich Körperverletzungen Dritter, vielleicht Beteiligter, in Kauf nehme, um die Körperverletzung eines einzelnen oder einer ... Gruppe zu verhindern?«

8. Polizeibeamter: »Hier ist also das Problem: Güterabwägung. Wenn aber dabei Personen verletzt werden oder noch größerer Schaden angerichtet wird, dann tritt der Moment ein, wo die Polizei eben wahrscheinlich handeln muß.«

1. Polizeibeamter: »Auf der einen Seite sind Sachwerte vorhanden, die zerstört werden, auf der anderen Seite wird es durch einen polizeilichen Einsatz zur Bereinigung der Situation unweigerlich zu Körperverletzungen kommen. Es steht also auf der anderen Seite die mögliche Schädigung von Menschen und von Gesundheit. Das könnte man natürlich noch ausbauen, es könnte unter Umständen auch zu schwerwiegenden Verletzungen, sogar zu Todesfällen kommen; und das steht auf der anderen Seite. Es bleibt also für den polizeilichen Einsatz dann nur noch, den Schluß daraus zu ziehen: Was ist schwererwiegend? Und es gilt ja doch der Grundsatz, daß das Menschenleben Sachwerten weit vorangeht. Wenn also nach unserer Methode die Täter markiert werden können, die Strafermittlung sichergestellt ist und ich den Herd abgrenzen kann, dann könnte ich doch sagen: Gut, lassen wir die sich dort austoben, markieren wir es, wir haben ja die Strafermittlung gesichert; aber Menschenleben sind dabei nicht gefährdet.«

Georg Sieber: »Wir wollen mal einen ganz lustigen Fall nehmen. Wir wollen uns folgendes vorstellen: Wir müssen den Olympiaberg räumen. 300 Gammler, Hippies, weiß der Teufel, ›obdachlose Personen‹, würden wir im Amtsdeutsch sagen, nehmen einen Mann vom Ordnungsdienst gefangen und schleppen ihn als Geisel oben auf die Spitze des Berges. Es ist eine Mordsgaudi. Was würden Sie tun? Sie haben zwei Hundertschaften oder so was zur Verfügung.«

8. Polizeibeamter: »Ich würde da nichts tun. Ich würde die eine Zeitlang stehenlassen, also so lange stehenlassen, bis sie es leid sind, ihn festzuhalten. Sicher, ich meine, ich muß also entscheiden, ob ich brachial vorgehe, dann bin ich sicher, daß er nicht nur gewatscht, sondern vielleicht auch getreten oder gar zu Tode getreten wird. Lasse ich aber das an mich herankommen beziehungsweise diese Leute aushungern..., sie haben also keinen Sensationswert, die Polizei steht wohl weit hinten, aber sie kommt nicht näher, also werden sie es leid sein, den Mann festzuhalten, und ihn möglicherweise freilassen. Allerdings muß ich mich vorsehen, bereitstellen schon.«

5. Polizeibeamter: »Ich glaube, die Sache ist doch sehr vordergründig aufgebaut, denn das wäre doch wirklich ein sehr mangelhafter Polizeiführer, der sich da nun keine Mittel einfallen ließe, selbst wenn er seine Truppe offensichtlich stehen und nicht angreifen läßt, um zumindest die Sicherheit der Geisel so weit zu gewährleisten, daß ihr nichts passieren kann. Denn, wie Sie in Ihrem Beispiel sagen, handelt es sich um eine unkontrollierbare Menge von Gammlern und Hippies, und da kann ich doch ohne weiteres Personen einschleusen – denn die sind ja untereinander nicht bekannt in dieser Größenordnung –, so daß ich schon innerhalb dieser Leute einen Schutz für die Geisel aufgebaut hab' und daß da nimmer sehr viel passieren kann.«

7. Polizeibeamter: »Das, was wir hier, auch bei dem Seminar, gehört haben, ist ja eine Fortsetzungsentwicklung bezüglich psychologischer Erkenntnisse aus dem täglichen Polizeieinsatz, wo ja der einzelne Polizeibeamte schon immer nach psychologischen Grundsätzen zu handeln hat und wo auch bei größeren Aktionen oder bei Einsätzen rein friedlicher Art das psychologische Moment immer eine ausgesprochen große Rolle spielt.«

Georg Sieber: »Nur ist hier die Frage: Was ist eigentlich ein psychologisches Mittel?«

1. Polizeibeamter: »Sie können sich erinnern, daß vor einiger Zeit die deutschen Tageszeitungen ein großes Foto veröffentlichten: ein Münchener Polizeibeamter, untergehakt in der ersten Reihe von Demonstranten. Und wenn Sie genauer hinsehen, dann hätten Sie vielleicht in der Masse der Demonstranten noch weitere Polizeibeamte erkannt. Wenn nun ein anderer fragt: Was versteht ihr unter einem psychologischen Mittel?, da müßte ich ihm antworten: Diese Polizeibeamten, die ja nicht zufällig hineingeraten sind, sondern die hineingeschickt wurden, die eingesickert sind mit einem bestimmten Auftrag, dämpfend zu wirken, ablenkend zu wirken, mit den Leuten zu sprechen, nicht polizeilich zu handeln im üblichen Sinn, das ist ein psychologisches Mittel. Diese Gruppe, die ja bei uns einen besonderen Namen hat, ›integrierte Schutzpolizei-Beamte‹, ist zum Beispiel ein psychologisches Mittel und vielleicht das erfolgreichste. Weitere psychologische Mittel: die unmittelbare Kontaktaufnahme, das Gespräch. Also nicht die Schallgrenze an der Absperrmauer sozusagen: ›Mit dir rede ich nicht, das darf ich nicht‹, sondern ein Gespräch bestimmter Leute, nicht jedes Beamten mit den Demonstranten, das Aussuchen einzelner Personen, bevor sich schon etwas Großes abzeichnet, durch Kontaktaufnahme, dem Ansprechen, praktisch durch ein Abbiegen, ein Aufweichen der Aggression. Das alles gehört schon dazu.«

Georg Sieber: »Ein psychologisches Mittel der Polizei wäre dann also zu definieren als ein Mittel, das aufgrund psychologischer Erkenntnisse konstruiert wurde. Also, um das Beispiel des integrierten Einsatzes noch mal zu nennen, früher hat man gesagt: Unmöglich kann man einzelne Polizeibeamte in die kochende Volksmenge schicken, die werden aufgerieben. Durch empirische Beobachtungen, durch Untersuchungen haben wir festgestellt: So eine kochende Volksmenge kocht gar nicht überall, sondern wie in einem Kochtopf gibt es ganz bestimmte Stellen, an denen die Blasen aufsteigen, und an anderen Stellen ist es ganz ruhig. Durch die systematische Erforschung dieser Stellen, an denen es brodelt, sind wir zunächst einmal darauf gekommen, daß es in jeder Menschenmenge eine magische Zone gibt, in der es brodelt, in die man also nach Möglichkeit vorher jemanden stellen sollte, der ein bissel beim Brodeln hilft oder der das Brodeln ein

wenig kanalisiert oder dämpft oder in die richtige Richtung bringt. Das war das erste. Das zweite war, daß wir plötzlich feststellten – mehr als ein Zufallsergebnis hier in München –, daß einzelne Polizeibeamte durchaus in der Lage waren, mit wilden Demonstranten, die Steine in der Hand hielten, zu reden und dennoch nicht angegriffen wurden, während ein paar Meter daneben fünf, sechs eingehakte Polizeibeamte mit Latten geschlagen wurden. Da haben wir uns gesagt: Es muß irgendeine systematische Beziehung haben, und wir begannen, mit einigen Tapferen zu experimentieren, die gesagt haben: Also gut, wir probieren das, wir gehen mal einfach so 'rein. Und siehe da, das ging gut. Die wurden nicht angegriffen, so daß wir daraus allmählich ein Gesetz ableiten konnten: Der einzelne Polizeibeamte, der die Norm des Friedens, des Nichtangriffes einhält und verkörpert, der wird auch nicht angegriffen.
Früher hätte man gesagt: Der polizeiliche Einsatz ist ein großes Mysterium; da darf man niemandem sagen, was die Polizei vorhat und tut. Wir wissen jetzt durch psychologische Untersuchungen, genau das Gegenteil ist der Fall! Je mehr Leute wissen, was die Polizei vorhat, desto friedlicher wird das ganze Geschehen ablaufen, um so sicherer kann die Polizei handeln. Das heißt also: Öffnung der Polizei für Freund, man muß schon sagen ›und Feind‹.«

8. Polizeibeamter: »Und sagen wir da noch, was wichtig ist: daß es uns gelingt, die Massenmedien durch schnellere Kontaktaufnahme auf unsere Seite zu bekommen. Doch, das gibt's, unbestritten! Man wird sich oft wundern, warum Bildreporter und andere Journalisten, also schreibende Reporter, sich hier tummeln, sich gegen die Grundsätze der Polizei wenden und gegen die Freihaltung von Absperrungsräumen, die vielleicht eine gewisse Gefahr darstellen für eine Führung, aber die andererseits uns wieder in jedem Fall dokumentarisch nützen können und belegen können, daß die Polizei absolut rechtmäßig gehandelt hat und daß eine objektive Presse sagen kann: Bitte, die Schuld liegt ja beim Gegenüber, nicht bei der Polizei. Wenn ich die Leute alle ausschließe, wie es früher geschah, Wegnahme von Fotoapparaten, was grundfalsch war, nicht fotografieren lassen, obgleich man das als Person des Zeitgeschehens in Kauf nehmen muß . . ., sagen wir doch, durch die Umfunktionierung der Presse, die ja sehr gern dazu neigt, uns in einer besonderen tendenziösen Weise zu kritisieren, nicht?, sehr viel erreicht[7].«

Dieses Beispiel, das ja nur einen Teilaspekt der gesamten psychologischen Vorunterrichtung liefern kann, entspricht ganz dem Stil und den Erfahrungen, die über München hinaus fruchtbar geworden sind. Es handelt sich um Erkenntnisse, die aus den Demonstrationen der letzten Jahre gewonnen wurden und die die Polizei zwingt, sich immer wieder etwas Neues einfallen zu lassen, um überhaupt mit dem, was auf sie zukommt, noch fertig zu werden.

»Unsere Maßnahmen« – so der Kommandeur der Schutzpolizei Berlin, Werner – »müssen den neuen Verhältnissen angepaßt und (es muß) auch alten bewährten Grundsätzen der Polizeiverwendung ein neuer Inhalt gegeben werden[8].«

Was das der Sache und dem Inhalt nach u. a. bedeutet, formulierte der beratende Psychologe der Berliner Polizei, Diplompsychologe Dr. Siegfried Schubenz (Freie Universität Berlin), mit folgenden Worten:

»Polizeibeamte haben sich einen Beruf gewählt, dessen bestimmendes Merkmal es ist, einzelnen Menschen zu helfen, Probleme zu bewältigen, die sich ihnen im Umgang mit anderen Menschen und den Institutionen der Öffentlichkeit stellen. Die gesetzlichen Bindungen des Polizeibeamten wollen diesen Auftrag nicht einschränken oder mit ihm konkurrieren, sondern sie präzisieren ihn nur.

Die gesetzlichen Bindungen des Polizeibeamten sind im Tenor Verpflichtungshinweise darauf, daß die Aufgabe, einzelnen Menschen zu helfen, alle einzelnen Menschen betrifft, d. h. die gesamte gegenwärtige Gesellschaft in all ihren realen Gliederungen. Durch diese gesetzlichen Bindungen sind schließlich auch die sogenannten Kriminellen in diese Hilfeverpflichtung eingeschlossen, d. h., nach der gesetzlichen Bin-

dung des Polizeibeamten sind z. B. kriminelle Mitbürger nicht etwa ›auszumerzen‹, sondern es ist ihnen zu helfen, Kriminalität zu vermeiden bzw. zu überwinden.
Auch in der größten Summe, gebildet aus allen gesetzlichen Einzelaufträgen, kann der Polizeiberuf nur so definiert werden, wie oben geschehen: einzelnen Menschen bei der Bewältigung ihrer nicht privaten Probleme zu helfen. Diese Aufgabe ist schwierig und wird mit der ständig anwachsenden Dynamik der sozialen Interaktionen und z. B. durch die zunehmende Differenzierung des großstädtischen, von der Technik determinierten Lebens noch schwieriger.
Polizeibeamte können heute diese Aufgabe zum wirklichen Nutzen der einzelnen Menschen und der Gesellschaft nur dann noch üben, wenn in ihrer Ausbildungszeit hinreichend konkrete Übungsgelegenheiten angeboten werden.
Polizeibeamte müssen vom Anfang ihrer Lehrzeit an Sozialpraktika vielfältiger Art absolvieren. Polizeibeamte können die wichtigsten Aspekte ihres im engeren Sinne polizeilich wertvollen Verhaltens nicht von Polizeibeamten lernen, sondern allein in komplexen sozialen Situationen und auch nur dann, wenn sie sich erfolgreich bemühen konnten, integrierter Bestandteil dieser sozialen Gruppierungen zu werden ...
Wenn der Grundauftrag des Polizeibeamten von mir so gedeutet worden ist, daß einzelnen Menschen geholfen werden soll, so habe ich damit indirekt gesagt, daß der Grundauftrag der Polizei eine ›Hier-und-jetzt‹-Leistung fordert, d. h. hier und jetzt in einem möglichst hohen Umfang konkrete öffentliche soziale Hilfestellungen für den Menschen. Polizei ist damit zu einer Institution erklärt, die nicht – auch nicht zu einem Teil – dadurch gekennzeichnet ist, daß sie auf zukünftiges Sozialproblematisches wartet, das sie dann lösen kann. Sofern es überhaupt in gefährlicher Weise ein solches Erwarten von zukünftigen sozialen Problemen (und dann auch noch größeren Charakters) geben kann, so ist es sicherlich nicht durch Abwarten und Bereithalten von organisatorischen und technischen Mitteln zu realisieren, sondern allein durch aktives und unermüdliches, hier und jetzt geleistetes Helfen gegenüber einem oder mehreren Menschen bei der Bewälti-

gung ihrer nicht privaten Probleme mit einzelnen oder mehreren anderen Menschen oder Institutionen dieser Gesellschaft.

Polizeibeamte, die in der Bereitschaftspolizei, im Einsatzkommando und leider oft auch im Polizeirevier in der geübten Weise auf das ›Ereignis‹ warten, also die Alarmbereitschaft bilden, dienen damit dieser Gesellschaft nicht. Warten ist nicht helfen ...[9].«

Damit wird deutlich, daß auch Schubenz

a) die prophylaktische Funktion der Polizei,
b) ihre soziale Primärfunktion und
c) die sich daraus abzuleitende Umstrukturierung des gesamten Ausbildungsmechanismus als notwendig ansieht.

Auch er geht von der politischen Demonstration aus, die für ihn die »reale Grundlage für einen Erklärungsversuch« darstellt. Und so verdeutlicht er in acht Thesen die Problematik des noch in der Regel geübten Polizeiverhaltens mit psychologischen Mitteln. Er fügt jeder These einen Kommentar hinzu, der hier ausgelassen wird, weil die Thesen selbst genügend Aufschluß geben über die darin enthaltenen Forderungen des Berliner Psychologen.

☐ Offensive Einwirkung der Polizei auf gewaltanwendende politische Demonstranten verschiebt das eigentliche Problem in einer für diese Gesellschaft gefährlichen Weise in unkontrollierbare Dimensionen.

☐ In der gewaltsamen Konfrontation von Polizei und politischen Demonstranten werden aktuelle allgemeine Schadensmöglichkeiten prinzipiell nicht verringert, sondern sogar erheblich vergrößert.

☐ Will die Polizei sicher Schaden vermeidend auf Gewaltmaßnahmen befürchten lassende Demonstranten einwirken, kann sie es allein in einer die Entspannung herbeiführenden Vermittlerrolle.

☐ In der Rolle des Entspannung herbeiführen wollenden Vermittlers wird die Polizei nur dann erkennbar, wenn sie für die Begegnung mit demonstrierenden Mitbürgern demonstrativ auf die Bereithaltung jeglicher Gewaltmittel verzichtet.

- ☐ Der Einsatz von Polizeibeamten in geschlossenen, formierten Einheiten wird psychologisch als ein Gewaltmittel erkannt und wirkt auch ohne jedes zusätzliche technische Werkzeug als ein Gewaltmittel.
- ☐ Die Aufgabe der entspannenden Vermittlung können Polizisten nur wirksam in lockerer Gruppierung durchführen, als eine Ansammlung von deutlich strukturierten Einzelindividuen, die individuellen Kontakt mit den Demonstranten aufnehmen und geübt sind, sozial variabel, tolerant und klug aufzutreten.
- ☐ Die Lösung des zur politischen Demonstration führenden Problems ist allein Aufgabe der Verantwortlichen unseres Staates.
- ☐ Die an der Verhütung von Schäden an Individuen und der Struktur unserer Gesellschaft interessierte Polizei sollte es als ihre höchste Aufgabe ansehen, die sozial technischen Voraussetzungen zu schaffen, damit alle Individuen und Gruppen in unserer Gesellschaft gefahrlos miteinander und mit den Verantwortlichen in den Lenkungsgremien des Staates diskutieren können, möglichst oft, über möglichst viele Themen und möglichst unbehindert zum Nutzen unserer sich fortwährend wandelnden gesellschaftlichen Einheit.

Schubenz hat diese »acht Thesen über mögliche Formen« und Ziele polizeilicher Tätigkeit im Zusammenhang mit (politischen) Demonstrationen anläßlich eines Seminars im »Polizei-Institut Hiltrup« Ende Februar 1970 vorgetragen. Es waren führende Polizeifunktionäre und Gewerkschaftler, die an diesem Seminar »für Leiter der Bereitschaftspolizeien der Länder« und »Abteilungsführer der Bereitschaftspolizeien« teilnahmen. Im einzelnen ist aus den Protokollen des Seminars keine wesentliche Reaktion auf die Gedanken des Berliner Psychologen zu erkennen. Aber wie bei allen Referaten folgte auch diesem ein »zusammengefaßtes Diskussionsergebnis«. »Wie schon bei früheren Diskussionen mit Psychologen festgestellt, standen auch hier wieder wissenschaftliche, zum Teil bewußt provokatorisch dargestellte Erkenntnisse den Realitäten und Einsatzerfahrungen der Praktiker gegenüber. Aus der Fülle der Diskussionspunkte seien nur einige herausgestellt:

- »Psychologische Faktoren sind für die polizeiliche Praxis von wesentlicher Bedeutung. Es ist festzustellen, daß sie – soweit anwendbar – bei Vorbereitung, Durchführung und Auswertung von Einsätzen bereits in umfassender Weise Berücksichtigung finden.
- Die vorgetragene Auffassung, daß zwischen Polizei und politischen Demonstranten eine gewisse Partnerschaft bestünde, fand keine allgemeine Zustimmung mit der Begründung, daß eine solche Partnerschaft gar nicht gesucht würde.
- Die Praktiker sehen die Konfrontation mit der Polizei als sichtbaren Repräsentanten des Staates immer noch als wesentliches Ziel der Demonstranten.
- Das vom Vortragenden geförderte Verständnis für (auch radikale) Demonstranten findet nach Auffassung der Polizeibeamten seine Grenze in ihrem gesetzlichen Auftrag.
- Führungskonzeptionen und Einsatzformen der Polizei sind nach Auffassung des Vortragenden zu starr, damit provozierend und zugleich erfolglos. Nach ausgiebiger Diskussion konnten Änderungs- und Verbesserungsmöglichkeiten jedoch nicht gefunden werden.
- In einer abschließenden Feststellung waren sich die Diskussionspartner einig, daß die Psychologie keinen Führungsanspruch erhebt, sondern nur Anregung geben könne und es Aufgabe der Praktiker sei, diese mit Erfordernissen der Ausbildung und des Einsatzes in Einklang zu bringen [10].«

Das Diskussionsergebnis analysiert sich selbst. Die deprimierende Erfahrung, daß retardierende Kräfte sich zwar nach außen fortschrittlich geben, nach innen aber bremsend ihre Positionen sichern, kann auch aus diesem Resultat ohne Mühe abgelesen werden. Natürlich erhebt die Psychologie keinen Führungsanspruch. Sie kann es nicht tun, solange Psychologen am Werk sind, um Führungsansprüche zu eliminieren, aber im Apparat überwiegen unverändert die Füh-

rungsansprüche derer, die noch immer nicht begriffen haben, daß politische Willenskundgebungen, sprich Demonstrationen, nicht wie Kaiserparaden ablaufen. Und nach wie vor berufen sie sich stets auf bereits vorliegende Erfahrungen, weil sie sich im Endeffekt weigern, neue zu machen.
So bleibt nichts anderes übrig, als zu hoffen, daß die wenigen Ausnahmen im sogenannten »Führungskorps« der Polizei nicht Opfer einer Karriere-Moral werden.
Das »Konzept auf dem Probestand« – wie Georg Sieber es nannte – läßt die Erwartung zu, daß der formale Einsatz von Psychologen in der Polizei zunehmen wird, ganz einfach deswegen, weil gewisse Trends auch in Deutschland auf die Dauer nicht aufzuhalten sind. Auch nicht von der Polizei.
Es ist schwer, gerade in diesem Bereich Prognosen zu stellen, aber es sei erlaubt, in unserem Fall das Wort Prognose mit Hoffnung gleichzusetzen. Danach wird die Psychologie in Ausbildung und Fortbildung der Polizei in allen Bundesländern bis spätestens 1975 vertreten sein. Natürlich wird die Durchführung psychologischer Entwicklungsprojekte weitgehend vom Angebot und den Haushaltsmitteln abhängen (die derzeitige Tendenz läßt ab 1975 ein Projektaufkommen von ca. 2 Millionen DM pro Jahr erwarten). Die Zunahme psychologischer Präsenz in der praktischen Polizeiarbeit durch Beratungs- und Führungsaufgaben wird außerdem von der politischen Entwicklung abhängen. Die derzeitige Tendenz – so Georg Sieber – läßt vermuten, daß Hamburg, Bremen, Frankfurt, eventuell auch Düsseldorf und Hannover bis 1975 über eine dem Münchener »Psychologischen Dienst« entsprechende Einrichtung verfügen werden.
Die politische Entwicklung kann natürlich zu einer Über- oder Unterschreitung dieser Voraussagen führen. Hierbei aber ist die entscheidende Frage, ob sich die Polizei im Sinne des Grundgesetzes und der Polizeiaufgabengesetze als Ordnungsinstanz weiterentwickelt oder ob sie durch innenpolitische und justizpolitische Strömungen aufgehalten bzw. gar in den Sog einer sich abzeichnenden »Law-and-Order«-Hysterie gerät. Die in der Polizei durchaus vertretenen unzeitgemäßen Traditionen, die durch das allmähliche Ausscheiden

der Kriegsgenerationen – und auch dank der Psychologen – abgebaut werden konnten, würden dadurch neuen Auftrieb erhalten. Die militärischen Denkmodelle und Verhaltensmuster, gegen die die Gewerkschaft ÖTV und die GdP bisher so erfolgreiche Gegenargumente lieferten, diese Denkmodelle und Verhaltensmuster, die also den Kontext der zivilen Gemeinschaft ignorieren, sind auch heute noch täglich spürbare Hemmschuhe für die Arbeit der Psychologen. Diese Psychologen gehen von den Realitäten des Zusammenlebens in einem demokratischen Staate aus. Georg Sieber und Siegfried Schubenz haben die Belege dafür gegeben. Sollten diese »zu den Akten« gelegt werden, werden wir zwar nicht ohne Polizei leben müssen, aber mit Sicherheit werden wir uns an Polizisten gewöhnen müssen, die sich nur zur Polizei »rekrutieren« ließen, weil es in der Polizei keine Psychologen mehr gibt. Es wird eine Polizei sein, die antritt unter dem heute noch unangefochtenen Motto: »Polizei kämpft mit Front überall.« In diesem Fall wäre festzustellen, daß *sie* nichts anderes, der Bürger aber etwas Besseres verdient hat.
Zahlreiche und maßgebliche Angehörige der Polizei denken, wenn sie das Wort »Demokratie« hören, immer noch und lediglich an den Staat. Dies ist wahrscheinlich eine »Auswirkung jener Hegelschen Andacht vor dem Staat und der grundsätzlichen Unterscheidung zwischen Staat und Gesellschaft, die das deutsche Denken so verhängnisvoll beeinflußt hat ... Idee und Wirklichkeit der Demokratie sind dadurch lebensgefährlich geschwächt worden, daß die gesellschaftsstrukturellen Voraussetzungen der ursprünglich demokratischen Idee nicht genügend bewußt gemacht worden sind, daß man die Demokratie allzu eng lediglich als eine Staatsform, als verfassungsmäßig juristische Norm und nicht als allgemeingesellschaftliche Lebensform aufgefaßt hat[11]«, und diese Auffassung prägt nach wie vor den Arbeitsstil und mit ihm den Charakter unserer Polizei. Sie operiert mit unvereinbaren Traditionen und muß folglich sowohl in ihren eigenen Reihen wie nach außen hin mit den neuen Wirklichkeiten in Konflikt geraten.

130 000 Beamte bilden unverändert eine statische Gesellschaftsordnung, die geneigt ist, ihr »Ordnungsbild« auf andere Teile der Gesellschaft zu projizieren und sich folglich selbst daran hindert einzusehen, daß diese »Dichotomie zwischen schicksalhaft geschiedenen Vertretern des Oben und Unten, zwischen Machthabern und Machtlosen, Wissenden und Unwissenden ..., Befehlenden und Gehorchenden nicht mehr die Grundlage gesellschaftlicher Ordnung sein kann – und auch nicht mehr zu sein braucht. Die einzig mögliche Ordnung in der dynamischen Gesellschaft muß eine elastische sein, die aus ständig neu vollzogenen Orientierungen, Beratungen und Beschlüssen vieler, an zahlreichen Standorten verteilter Mitglieder einer freien, offenen Gesellschaft immer von neuem erwachsen muß. Deshalb kennt die Demokratie nur funktionale Macht, die auf strikt definierte Aufgaben beschränkt und steter Kontrolle unterworfen ist. (Aber unsere Polizei verfügt nicht einmal über strikt definierte Aufgaben – d. Verf.) Die in ihr mögliche und nötige Autorität erwächst aus erwiesener individueller Leistung, nicht aus ererbten Privilegien oder affektiver Unterordnung unter eine charismatische Führergestalt. Anstatt ›ewigen‹ hierarchischen Machtordnungen und einsamen Beschlüssen der Machthaber als Schicksal kennt sie (die Autorität) Diskussion, Kompromiß, Konsensus, vernünftige Ordnung und ständige Neuordnung der gemeinsamen Lebensweise: ›agreed, not imposed order‹ [12].«
Darum geht es den Psychologen in der Polizei. Und die Polizei wäre gut beraten, wenn sie die Rezepte bürgerlich-demokratischen Wohlverhaltens, die sie tagein, tagaus der Bevölkerung ausstellt, sich selbst so schnell wie möglich verordnen würde.
Die absurde Angst vor dem sogenannten »Führungsanspruch« der Psychologie, die diesen Anspruch nie erhob und erheben kann, weil zwischen Führungsanspruch und Psychologie ein Widerspruch besteht, ist offenkundiger als alle Bekundungen, die auf Tagungen und in internen Gazetten immer wieder den Fortschritt in den eigenen Reihen beschwören. Beamte, die sich noch im Jahre 1970 widerspruchs-

los als »Prätorianer neuer Art« [13] apostrophieren lassen, bewegen sich auf der Straße des Opportunismus, d. h. nach rückwärts und entgegen der These 8 des Psychologen Siegfried Schubenz (vgl. S. 160).

Es wird sich erweisen, ob dieser Polizei zu helfen ist; ob sie sich selbst helfen kann. Daß eine Polizei, der nicht zu helfen ist, untauglich sein muß, dem Bürger zu helfen, liegt auf der Hand.

Anhang

ayer
KEHRS-VERLAG
HELDMAYER

GOLDWAREN
OLF TITTMANN

Wir trauern um unsere
erschossenen Kollegen

Anmerkungen

Kapitel 1
»Jederzeit appellbereit«

1 Werner Kuhlmann, Moderne Gesellschaft – Moderne Polizei, Hilden 1969, S. 24
2 Zitiert nach Günther Paschner, Was ist, was soll, was kann, was darf die Polizei?, Boppard 1970, S. 18
3 Ebd.
4 Polizei Notruf. Die Situation der Schutzpolizei, Hilden 1970
5 Ebd.
6 Richard Ruland (Hrsg.), Restauration und Fortschritt, Ebenhausen 1963, S. 11
7 Polizei Notruf, a. a. O.
8 Ebd.
9 Ebd.
10 Ebd.
11 Ebd.
12 Ebd.
13 Ebd.
14 Ebd.
15 Anzeiger für die politische Polizei Deutschlands / Auf die Zeit vom 1. Januar bis zur Gegenwart (Reprographischer Nachdruck aus dem Jahre 1855), Hildesheim 1970
16 Eckhart Kleßmann, Im Kampf für »Law and Order«, in: Die Zeit vom 5. November 1971
17 Richard Ruland (Hrsg.), a. a. O., S. 139
18 Ebd.
19 Polizei Notruf, a. a. O.
20 Ebd.
21 Parodie von Rolf Eckhart (Hrsg.), Gründerjahre und Weltkrieg, Ebenhausen 1963, S. 67
22 Zitiert nach Rolf Eckhart (Hrsg.), a. a. O., S. 114
23 Polizei Notruf, a. a. O.
24 Ebd.
25 Ebd.
26 Ebd.
27 Zitiert nach Tonis Hunold, Polizei in der Reform, Düsseldorf 1968, S. 30
28 Emil Ludwig, Führer Europas, Amsterdam 1934, S. 147
29 Ebd.
30 Carl Severing, zitiert nach Tonis Hunold, a. a. O., S. 29
31 Zitiert nach Kurt Grossmann, Ossietzky, München 1963, S. 469

32 Der Deutsche Polizeibeamte, Nr. 1, Jahrgang 1, 1. September 1933
33 Polizei Notruf, a. a. O.
34 Zitiert nach Kurt Zentner, Illustrierte Geschichte des Widerstandes, München 1966, S. 378
35 Polizei Notruf, a. a. O.
36 Ebd.
37 Ebd.
38 Ebd.
39 Günther Paschner, a. a. O., S. 19
40 Erwin Palm, Soziologie der Führerschulung auf der Polizeischule, Köln 1933, S. 11 f.
41 Ebd., S. 12
42 Ebd., S. 15
43 Ebd., S. 19
44 Ebd., S. 19
45 Ebd., S. 23
46 Ebd., S. 27
47 Ebd., S. 48 ff.
48 Ebd., S. 58
49 Ebd., S. 61
50 Ebd., S. 62 ff.
51 Ebd., S. 65
52 Ebd., S. 65
53 Helmut Heiber, Die Republik von Weimar, München 1966, S. 276

Kapitel 2
»Alter Wein in neue Schläuche«

1 Alfred Dietel, Thesen zur Reform der Polizei, Referat vor der ASPOL am 5. März 1971 in Münster
2 Ebd.
3 Ebd.
4 Ebd.
5 Ebd.
6 Ebd.
7 Ebd.
8 Udo Pini, Sollen wir unsere Polizei entwaffnen?, in: Zeit-Magazin vom 10. September 1971
9 Karl Dokupil, Aus eigener Anschauung, in: Die Polizei und die Deutschen, hrsg. von B. Doerdelmann, München 1968
10 Ebd., S. 16
11 Sepp Binder, Prügelknaben der Nation, in: Die Zeit vom 29. November 1968

12 Ebd.
13 Ebd.
14 Polizeiverwendung, Band I, bearbeitet von Herbert Scheffler, Lübeck 1970, S. 90 ff.
15 Polizei Notruf, Hilden 1970
16 Polizeiverwendung, a. a. O., S. 13
17 Siegfried Schubenz, Acht Thesen über mögliche Formen und Ziele polizeilicher Tätigkeit im Zusammenhang mit politischen Demonstrationen, Seminar des Polizeiinstituts Hiltrup, 16.–20. Februar 1970, S. 158
18 Alfred Dietel, a. a. O.
19 Helmut Kentler, Eigenartige Vorstellungen, in: Der Spiegel, Nr. 33/1967
20 Karl Steinbuch, Programm 2000, Stuttgart 1970, S. 169
21 Max Picard, Hitler in uns selbst, Zürich 1946, S. 82 ff.
22 Jean Améry, Widersprüche, Stuttgart 1971, S. 78
23 Alfred Korzybski in: Wort und Wirklichkeit, Darmstadt 1968, S. 207
24 John Somerville in: Wort und Wirklichkeit, Darmstadt 1968, S. 301
25 Ebd., S. 302
26 Hans Hörmann, Vom Umgang mit sich und anderen, Darmstadt 1969, S. 266
27 Ebd., S. 265
28 Ebd., S. 265
29 Reinhard Tausch, Sozialpsychologische Vorgänge in der Schule, in: Darmstädter Blätter, Nr. 6/1969
30 Ebd.
31 Ebd.
32 Werner Heisenberg, Schritte über Grenzen, München 1971, S. 277
33 Ebd., S. 283 f.
34 Ebd., S. 287
35 Zitiert nach stern, Nr. 4/1972
36 Ebd.
37 Wilhelm Ripke, Beim Bundesgrenzschutz manches gelernt, in: Die Zeit vom 11. Juni 1971
38 Reinhard Struve, ebd.
39 Karl Krampol, Gedanken über das Berufsbild der Polizei, in: Offizielle Zeitschrift der Deutschen Sektion IPA, Nr. 4, Dezember 1971
40 Horst Herold, Gesellschaftliche Wandlungen und Polizei, in: Offizielle Zeitschrift der Deutschen Sektion IPA, Nr. 3, September 1971

Kapitel 3
»Selbstverständnis contra Berufsbild«

1 Udo Pini, Sollen wir unsere Polizei entwaffnen?, in: Zeit-Magazin vom 10. September 1971
2 Arnold Buchholz, Lebendige Wissenschaft, Süddeutscher Rundfunk, 30. Oktober 1966
3 R. Höhn, Modernes Management oder autoritärer Führungsstil, in: Offizielle Zeitschrift der Deutschen Sektion IPA, Nr. 1, 1971
4 Ebd.
5 Ebd.
6 Ebd.
7 Ebd.
8 Heinrich Krüger in einem Gespräch mit dem Autor, März 1972
9 Zitiert nach Der Spiegel, Nr. 6/1971
10 Ebd.
11 Ebd.
12 Heidi Dürr, Die Verwaltung der Verwaltung, Deutschlandfunk, 29. November 1971
13 Zitiert nach Heidi Dürr, ebd.
14 Zitiert nach Der Spiegel, Nr. 6/1971
15 Otto Brintzinger, Der Ort des Verwaltungsjuristen in der modernen Gesellschaft, in: Loccumer Protokolle, Nr. 3/1969
16 Zitiert nach Gustav Cohn, Staatsbeamtentum und Staatswissenschaft, in: Deutsche Rundschau, Band CX, Januar bis März 1902, S. 251
17 Wolfgang Kaupen / Theo Rosenhorn, Die Justiz zwischen Obrigkeitsstaat und Demokratie, Neuwied 1971, zitiert nach Im Namen des Volkes, in: stern, Nr. 13/1972
18 Zitiert nach Im Namen des Volkes, in: stern, Nr. 13/1972
19 Ebd.
20 Ebd.
21 Nach Angaben von Heinrich Krüger, dem damaligen Verteidiger im Disziplinarverfahren gegen den Polizeimeister S. aus L.
22 Rolf Zundel, Barzel war seiner Sache sicher, in: Die Zeit vom 5. Mai 1972
23 Graf von Hardenberg, Bundestagsdrucksache, 6. Wahlperiode, vom 12. und 13. Januar 1972
24 Hannes Friedrich, Der Beamte und die politische Öffentlichkeit, in: Loccumer Protokolle, 3/1969
25 Rolf Winter, Die Bullen, in: stern, Nr. 20/1972
26 Ebd.
27 Ulrich Sonnemann, Paradoxer Beruf, in: Die Polizei und die Deutschen, hrsg. von B. Doerdelmann, München 1968, S. 115
28 Heinrich Stakemeier, Vortrag in Bochum am 28. April 1971
29 Gerhard Littmann in einem Gespräch mit dem Autor

30 Wilhelm Loschelder, Das Betriebsklima im öffentlichen Dienst, 12. Arbeitstagung des Polizeiinstituts Hiltrup, September 1963
31 Hans-Ulrich Werner, Probleme der Inneren Führung, 12. Arbeitstagung des Polizeiinstituts Hiltrup, September 1963
32 Hans-Ulrich Werner, a. a. O.
33 Manfred Schreiber, Intellektuelle, Bürger und Polizei, in: Die Polizei und die Deutschen, a. a. O., S. 95
34 Ebd.
35 Helmut Schmidt in seiner Begrüßungsansprache zur 12. Arbeitstagung des Polizeiinstituts Hiltrup im September 1963
36 Heinrich Stakemeier in der Landespolizeischule »Carl Severing« am 8. Juli 1971
37 Zitiert nach Tonis Hunold, Polizei in der Reform, a. a. O., S. 68
38 Heinz Ruhnau in Loccum anläßlich der Arbeitstagung Die Polizei zwischen Obrigkeit und Öffentlichkeit, 3.–6. März 1970
39 Zitiert nach Werner Hill und Bernt Richter, Polizei in der Demokratie, Norddeutscher Rundfunk, 17. März 1972
40 Ebd.
41 Polizei Notruf, Hilden 1970
42 Ebd.
43 In einem Gespräch mit dem Autor am 23. März 1970
44 Polizei Notruf, a. a. O.
45 Gerhard Littmann, Die Polizei im demokratischen Staat, Vortrag vor der ÖTV 1963
46 Ebd.
47 Heinrich Krüger in einem Gespräch mit dem Autor, März 1970 anläßlich einer Polizeitagung an der Evang. Akademie Loccum
48 Josef Augstein, Widerspruch wird nicht hingenommen, in: Die Polizei und die Deutschen, a. a. O., S. 12
49 POKO-Studie, Voraussetzungen für die eignungspsychologischen Merkmale des Polizeiberufs, München 1965
50 Ebd.
51 Aus einem Bewerbungsschreiben, Polizeikurier, Nr. 11/12, 1970
52 POKO-Studie, a. a. O.
53 Ebd.
54 Ebd.
55 Werner Hill / Bernt Richter, a. a. O.
56 Erschienen im Sammelband Die Polizei, Opladen 1971
57 Werner Hill / Bernt Richter, a. a. O.
58 Reinhold Mikuteit, Was ist an der Ausbildung in der Bereitschaftspolizei reformbedürftig?, Vortrag in Hiltrup, Februar 1970
59 Polizei Notruf, a. a. O.
60 Horst Herold, Gesellschaftliche Wandlungen und Polizei, in: Offizielle Zeitschrift der Deutschen Sektion IPA, Nr. 3, 1971
61 Friedrich Gniesmer, Kein Grund zum Feiern, in: Deutsche Polizei, Nr. 12/1971

Kapitel 4
»Sachfremde Verwendung«

1 Zitiert nach Der moderne Bundesgrenzschutz, in: Polizeikurier, Nr. 1, 2/1970, S. 11
2 Christoph von Imhoff, Bürgersinn heue, Sonderdruck aus Jahrbuch für Geschichte der oberdeutschen Reichsstädte, 1970, S. 11
3 Tonis Hunold, Polizei in der Reform, Düsseldorf 1968, S. 96
4 Ebd., S. 96
5 Ebd., S. 97
6 Zitiert nach Die Polizei, Nr. 2/1972, S. 4
7 Alfred Dietel in seinem Referat Thesen zur Reform der Polizei, gehalten am 5. März in Münster vor der ASPOL
8 Ebd.
9 Ebd.
10 Ebd.
11 Georg Sieber in: Aktuelle Gespräche, Nr. 1/1972, S. 4
12 Hans A. Keil, Woche der Polizei, 1963, S. 71
13 Ebd., S. 72
14 Ebd., S. 72
15 Zitiert nach Die Polizei, Nr. 2/1972, S. 19
16 Alfred Dietel, a. a. O.
17 Ebd.
18 Fido Voigt, Das entstörte Gewissen, Bayerischer Rundfunk, 11. März 1972
19 Ebd.
20 Ebd.
21 Ebd.
22 Ebd.
23 Ebd.
24 Ebd.
25 Ebd.
26 Ebd.
27 Jürgen Holm, Lange Finger im Regal, in: Die Zeit vom 3. März 1972
28 Alfred Dietel, a. a. O.
29 Ebd.
30 Tonis Hunold, a. a. O., S. 123
31 Ebd., S. 96 ff.
32 Zitiert nach Die moderne Polizei der Zukunft (ÖTV), Stuttgart 1971, S. 7
33 Ebd.
34 Hans Dieter Reichert, in: Aktuelle Gespräche, Nr. 1/1972
35 Horst Herold, Gesellschaftliche Wandlungen und Polizei, in: Offizielle Zeitschrift der Deutschen Sektion IPA, Nr. 3, 1971
36 Ebd.

Kapitel 5
»Das große Nein und das kleine Ja zum Psychologen«

1 Heinz Quittnat, Freiheit, Ordnung und Polizei, in: Die Polizei, Nr. 8/1968
2 Ebd.
3 Hannes Burger, Der Nachbar auf der Straße, in: Der Monat, Oktober 1970
4 Ebd.
5 Thema: Schlagen, Redaktion Manfred Boos, Bayerisches Fernsehen, 25. Februar 1971
6 Werner Hill und Bernt Richter, Polizei in der Demokratie, Norddeutscher Rundfunk, 17. März 1972
7 Ebd.
8 Einsätze der Polizei bei Demonstrationen, in: Deutsche Polizei 3/1970, S. 85
9 Siegfried Schubenz, Acht Thesen über mögliche Formen und Ziele polizeilicher Tätigkeit im Zusammenhang mit politischen Demonstrationen, in: Seminar des Polizeiinstituts Hiltrup, 16. bis 20. Februar 1970
10 Ebd.
11 Richard F. Behrendt, Gesellschaftliche Dynamik als Aufgabe der Demokratie, in: Club Voltaire, Band II, München 1966
12 Ebd.
13 Hans-Wilhelm Fritsch, Einsatzerfahrungen im großen Sicherheits- und Ordnungsdienst und bei Staatsbesuchen aus der Sicht der Sicherungsgruppe Bonn, in: Seminar des Polizeiinstituts Hiltrup, 16.–20. Februar 1970

Auswahltest für die Übernahme von Schutzpolizeibeamten in den Kriminaldienst aus einer Landeskriminalschule

I. Sprachsicherheit und Schriftgewandtheit

Diese Anforderungen im Kriminaldienst, die zwar beide den Umgang mit der Sprache betreffen, jedoch voneinander unabhängige Funktionen definieren, lassen sich nicht durch ein gemeinsames Verfahren feststellen. Der Bereich der sprachlichen Leistung ist so vielseitig, daß hierzu bereits eine differenzierte Testliteratur entstanden ist. Daher ist zwischen grundlegenden und spezialisierten Verfahren zu unterscheiden.

Die für den sprachlichen Leistungsbereich grundlegende Anforderung ist die Kenntnis vieler Wörter (passiver Wortschatz)

Aufgabenbeispiel:
Sie finden hier jeweils links eine Liste von Wörtern und rechts eine Liste von Worterklärungen. Sie sollen für jedes Wort die Worterklärung heraussuchen, die am besten zutrifft.

Wörter	Worterklärungen
(01) Stadt	1. da wohnt man
(02) Wohnung	2. was man spricht
(03) Nachbar	3. z. B. Herr Meyer
(04) Fremdsprache	4. etwas Rundes
(05) Kranz	5. z. B. Englisch oder Französisch
	6. Wohnzimmer, Schlafzimmer und Küche
	7. aus Tannen
	8. der neben uns wohnt
	9. z. B. Düsseldorf, Essen oder Hamburg
	10. da stehen Häuser
	11. was ein anderer spricht
	12. ein runder Schmuck aus Blumen oder Zweigen
	13. jemand in der Nähe
	14. da wird gebaut
	15. bei uns zu Hause da ist eine Wohnung

Alle Wörter sind in den runden Klammern durchnumeriert. Diese Nummern finden Sie im Antwortheft wieder. Hinter den Nummern sind gepunktete Linien. Auf diese Linien schreiben Sie die Nummern der jeweils besten Worterklärung.
Für das Wort »(01) Stadt« etwa trifft am besten die Worterklärung »9. z. B. Düsseldorf, Essen oder Hamburg« zu. Nach der Ziffer (01) im Antwortheft steht daher die Nummer 9.

Neben dem passiven Wortschatz erscheint für den Kriminaldienst eine erste Differenzierung notwendig, nämlich

die Beherrschung der Verwendung der Wörter (aktiver Wortschatz)

Aufgabenbeispiel:
Es werden Ihnen jetzt drei Wörter angegeben und Sie überlegen sich bitte einen Satz, in dem diese Wörter vorkommen: »Knabe, Bleistift, Polizist«.
Man kann z. B. den Satz bilden: »Der Polizist schenkt dem Knaben einen Bleistift.« Oder: »Der Knabe findet einen Bleistift und reicht ihn dem Polizisten.« Oder: »Der Polizist zog einen Bleistift hervor und notierte damit den Namen des Knaben.«
Ich gebe Ihnen gleich drei Wörter an, und Sie schreiben in Ihr Antwortheft so viele und so gute Sätze, wie Sie mit den Wörtern bilden können.
Jeder Satz muß vom vorhergehenden ganz verschieden sein.
In jedem Satz müssen Sie alle drei Wörter benutzen. Sie können in beliebiger Reihenfolge sowie in Ein- oder Mehrzahl stehen. Ich gebe Ihnen immer Hauptwörter an. Man darf keine Tätigkeits- oder Eigenschaftswörter daraus machen.

Die Verfügbarkeit von Sprachmaterial bei Erklärungsleistungen wie auch bei sprachlichen Ergänzungs- und Kombinationsleistungen erschien als sprachliche Anforderung des Kriminaldienstes noch zu einseitig. Daher war als weitere sprachliche Anforderung in Betracht zu ziehen, daß der Umgang mit der Sprache beim Erkennen, Beurteilen und Wiedergeben eines Sachverhalts wie auch beim »Übersetzen« von fremden und eigenen Wahrnehmungen auf die Informationsbedürfnisse Dritter eine wichtige berufsspezifische Funktion darstellt. Dieser Bereich der sprachlichen Leistung wird repräsentiert durch

Erkennen von Ähnlichkeit oder Gegensätzlichkeit vorgegebener Begriffe

---

Aufgabenbeispiel:
Die folgende Aufgabe besteht darin, aus vier Wörtern jeweils die zwei herauszufinden, die entweder eine *gleiche* oder eine *entgegengesetzte* Bedeutung haben. Machen wir uns das an einem Beispiel klar:
(01) 1. Gebäude 2. Haus 3. Tür 4. Plan

Gebäude und *Haus* bezeichnen das gleiche. Gebäude ist mit der Ziffer 1 und Haus mit der Ziffer 2 bezeichnet. Die richtige Antwort ist also 1 und 2. Im Antwortheft ist daher bei der Aufgabe (01) das a vor 1 und 2 durchgestrichen.

(02) 1. römisch 2. veraltet 3. übertrieben 4. modern

Hier gibt es nicht zwei Wörter mit gleicher Bedeutung, sondern zwei mit entgegengesetzter Bedeutung, nämlich *veraltet* und *modern.* Die richtige Antwort ist daher 2 und 4; daher ist im Antwortheft in der Zeile (02) der Buchstabe e neben 2 und 4 durchgestrichen.

Weitere Beispiele:

(03)	1. mild	2. korrekt	3. unrichtig	4. ähnlich
(04)	1. öffnen	2. fallen	3. starten	4. beenden
(05)	1. amüsant	2. winzig	3. ungeschickt	4. lustig

Für die Funktion, einen Sachverhalt objektiv und richtig wiederzugeben, sind neben diesem rein sprachlichen Leistungsbereich weitere Leistungsbereiche zu berücksichtigen, die ohne direkte Koppelung an die Sprache unterschieden werden können.

II. Beobachtungsgabe, Aufnahmefähigkeit, Merkfähigkeit

Beobachtungsgabe wird hier definiert als die Anforderung, dargebotene Sachverhalte kritisch zu beobachten, so daß vom Normalfall abweichende Einzelheiten erkannt werden können.

Aufgabenbeispiel:
Als Aufgabe wird je ein Bild gezeigt, auf dem ein wesentlicher Teil ausgelassen ist. Der Bewerber muß diesen fehlenden Teil herausfinden und anmerken. Zum Beispiel:

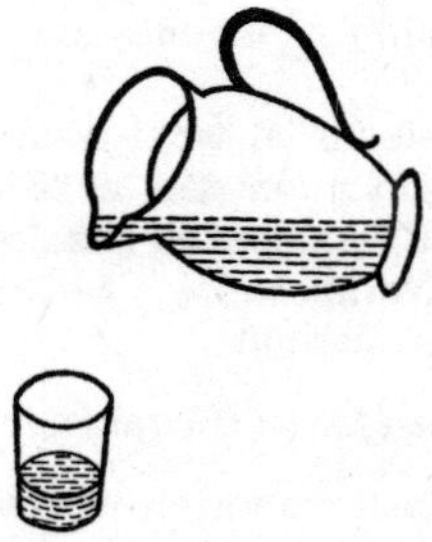

Die richtige Antwort: Es fehlt das fließende Wasser zwischen Krug und Glas. Für jede richtige Antwort gibt es einen Punkt.

Aufnahme- und Merkfähigkeit werden hier als zwei Funktionen im Bereich des Gedächtnisses verstanden. Sie entsprechen in etwa der Ein- und Ausgabe bei einem elektronischen Datenverarbeiter. Ein Sachverhalt muß genau aufgenommen (Aufnahmefähigkeit) und unter möglicherweise geänderten Bedingungen wiedergegeben werden (Merkfähigkeit).

Aufgabenbeispiel:
Es werden fünf Gruppen von je fünf Wörtern vorgegeben. Hinterher wird abgefragt, in welche Gruppe ein Wort mit einem bestimmten Anfangsbuchstaben gehört.
Sie haben drei Minuten Zeit, die untenstehenden Wörter auswendig zu lernen.

Blumen:	Edelweiß – Lilie – Veilchen – Orchidee – Akelei
Werkzeuge:	Messer – Zange – Sense – Hobel – Drehbank
Vögel:	Kakadu – Zeisig – Fasan – Uhu – Truthahn
Kunstwerke:	Plastik – Choral – Gemälde – Büste – Radierung
Tiere:	Jaguar – Zebra – Nashorn – Iltis – Qualle

Nach einer Pause von drei Minuten werden die Fragen in der Art der folgenden vorgelegt:
Das Wort mit dem Anfangsbuchstaben A war ein(e) . . .?
a) Blume b) Werkzeug c) Vogel d) Kunstwerk e) Tier
Der richtige Buchstabe (hier a) muß angestrichen werden. Für jede richtige Antwort gibt es einen Punkt.

III. Kontaktfähigkeit, Einfühlungsvermögen

Unter diesen Begriffen wird ein Verhalten verstanden, das eine positive Beziehung zu einem Partner herstellt und diese aufrechterhält.
Die Fähigkeit hierzu ist wohl auch von der Intelligenz abhängig, aber sie ist ebenso von dem abhängig, was man als »Persönlichkeit« oder als »Charakter« zu bezeichnen pflegt.
Eine meßbare Voraussetzung für das Herstellen des Kontakts ist zunächst die Bereitschaft,

aus sich herauszugehen (Extraversion)

Diese Bereitschaft kann bisher nur mit einem Persönlichkeitsfragebogen ermittelt werden, der als »Maudsly Personality Inventory« (MPI) [1] in der Testliteratur genannt wird.

1 Herausgeber H. J. Eysenck, Verlag für Psychologie, Göttingen 1959

Dieser Fragebogen stellt neben der Extraversion (E) auch fest, inwieweit der Bewerber nicht so reagiert wie die Mehrzahl angepaßter Menschen (neurotische Tendenz [N]). Dieser Fragebogen wurde in England entwickelt und mit befriedigendem Erfolg angewendet. Er gilt bisher als zuverlässiges diagnostisches Hilfsmittel. In Deutschland wurde dieser Fragebogen allerdings noch nicht systematisch eingesetzt, obwohl eine Übersetzung schon seit längerer Zeit vorliegt.

Aufgabenbeispiel:
Dem Bewerber wird eine Reihe von Fragen vorgelegt, die er mit Ja oder Nein beantworten soll. Eine Reihe von Antworten ist für Extraversion (E) bzw. neurotische Tendenz (N) symptomatisch. Diese Antworten werden mit Hilfe eines Schlüssels bewertet. Die Anzahl der E- und N-Antworten wird dann in Normwerte umgewandelt.

Frage 22: Beschränken Sie Ihren Bekanntenkreis gern auf wenige Auserwählte?
Ja/Nein

Frage 31: Versenken Sie sich gern in Träumereien?
Ja/Nein

Auswertung: Die Antwort Ja in der oberen Frage weist auf Extraversion, die Antwort Ja in der unteren Frage auf neurotische Tendenz hin. Eine einzelne Antwort jedoch sagt nichts aus. Erst wenn ähnliche Antworttendenzen in bestimmter Häufigkeit auftreten, können Rückschlüsse gezogen werden.

IV. Urteils- und Kritikfähigkeit

Diese Funktionen sind einerseits von der Intelligenz abhängig. Die Fähigkeit, sich an vorgegebenen Tatsachen zu orientieren, könnte zum Teil aus der Art der Sätze im Test »Sätzebilden« und der Häufigkeit der Wahl von Falsch-Antworten im Test »Begriffsähnlichkeiten und -gegensätze« erschlossen werden.

Aufgabenbeispiel:

Feststellung: 1) Ich neige dazu, Dinge schwerzunehmen.
Stimmt Stimmt nicht

Feststellung: 2) Den meisten Menschen widerstrebt es innerlich, sich Mühe zu machen, um anderen zu helfen.
Stimmt Stimmt nicht

Die Auswertung erfolgt wie beim MPI-Verfahren nach einem Schlüssel, wobei die quantitativen Verteilungen des Gesamtergebnisses als Grundlage der Berwertung dienen.

Ein »Stimmt« bei der Feststellung 1) weist z. B. darauf hin, daß der Bewerber versucht, sich in ein günstiges Licht zu setzen. Ein »Stimmt« in der Feststellung 2) weist z. B. auf einen Mangel an Kritikfähigkeit hin. Allerdings ist es auch hier notwendig, daß eine größere Zahl dieser Feststellungen entsprechend beantwortet werden muß, ehe man einen Bewerber als **nicht kritikfähig** bezeichnen kann.

Wie aus der Testbeschreibung deutlich wird, steht hier also nicht die intellektuelle Seite, sondern der Einstellungsaspekt der Kritikfähigkeit im Mittelpunkt. Aufgrund der bisherigen Erfahrungen mit diesem Fragebogensystem ist zu erwarten, daß die Bereitschaft zu Objektivität aufschlußreicher für das tatsächliche Verhalten ist als die rein intellektuellen Voraussetzungen. Die folgende Anforderung hängt eng mit diesen intellektuellen Voraussetzungen zusammen, greift jedoch im übrigen einen selbständigen Bereich kriminalpolizeilicher Funktionen ab.

V. Schlußfolgern

Das Schlußfolgern, das man auch als analytisches Denken bezeichnen kann, ist vom Beamten im Kriminaldienst vor allem bei der Fallanalyse gefordert. Da aber die für die Fallanalyse notwendigen Erfahrungen bei Bewerbern noch nicht gegeben sind, ist es sinnvoll, die dabei zu beachtenden Denkvorgänge zu definieren und jeweils getrennt zu berücksichtigen.

Aus mehreren einzelnen Fakten muß auf den Gesamtsachverhalt geschlossen werden können.

Aufgabenbeispiel:
Es werden drei Wörter gegeben, von denen die beiden ersten in einer bestimmten Beziehung zueinander stehen, die der Bewerber herausfinden muß, um ein viertes Wort aus einer Liste herauszusuchen, das zum dritten die gleiche Beziehung hat wie das zweite zum ersten.
Tier : Ziege = Nahrungsmittel : ?
a) Essen b) Lebensmittel c) Mahlzeit d) Wasser e) Ei
Antwort: Ei
Tier ist der Oberbegriff zu Ziege, das gesuchte Wort muß unter den Oberbegriff »Nahrungsmittel« passen. Jede richtige Antwort wird mit einem Punkt bewertet.

Die gegebenen beobachteten Fakten sind nach ihrer Bedeutsamkeit zu ordnen und aufeinander zu beziehen. So ist zwischen Wichtigem und Unwichtigem zu unterscheiden, einander Entsprechendes und Widersprechendes zu erkennen und zu ordnen.

VI. Kombinationsfähigkeit; Fähigkeit, aus konkreter Wahrnehmung, allgemeiner Erfahrung und geistiger Vorstellung Schlüsse zu ziehen

Der Denkprozeß, der hinter dieser Fähigkeit steht, ist dem Denkprozeß des analytischen Denkens entgegengesetzt: aufgrund von zunächst zusammenhanglosen Einzelinformationen soll die Gesamtinformation gefunden werden. In der kriminaldienstlichen Tätigkeit entspricht dem in etwa das Schließen aus einzelnen Indizien auf einen bestimmten Täter oder Täterkreis.
Eine wichtige Funktion innerhalb dieses Denkprozesses ist es, die Gesetzmäßigkeit oder den Zusammenhang zu erkennen, der zwischen Einzelinformationen besteht. Diese Funktion kann mit dem Test »Zahlenreihen« aus dem Analytischen Intelligenztest gemessen werden.

Aufgabenbeispiel:
Es wird eine Reihe von Zahlen gegeben, und es muß herausgefunden werden, wie die Zahlenreihe fortläuft.

4	6	8	10	12	14	–?	
260	216	128	108	62	54	–	27?

Die obere Zahlenreihe wird mit der Zahl 16 fortgesetzt (die Zahlenreihe wird um jeweils 2 erhöht).

Das fehlende Glied in der unteren Zahlenreihe ist 29 (in dieser Zahlenreihe kommen abwechselnd zwei Zahlenreihen vor, die eine 216 108 54 27 entsteht fortlaufend durch die Teilung mit 2; die andere Zahlenreihe entsteht dadurch, daß ebenfalls durch 2 geteilt, aber gleichzeitig noch 2 abgezogen wird).

Eine weitere Funktion dieses Denkprozesses besteht darin, Einzelinformationen zu ordnen, daß sie eine in sich stimmige lückenlose Gesamtinformation geben. Diese Fähigkeit kann mit dem Test Bilderordnen aus dem Analytischen Intelligenztest geprüft werden.

Aufgabenbeispiel:
Bilder, die zu einer Geschichte oder einem Handlungsablauf gehören, werden in falscher Reihenfolge dargeboten und müssen der Geschichte entsprechend geordnet werden.

Sie sehen drei Bilderreihen, jeweils aus vier Bildern bestehend. Die letzten drei Bilder einer jeden Bilderreihe sind nicht in der richtigen Anordnung wiedergegeben. Sie sollen jetzt die richtige Anordnung feststellen.

Die Anordnung ist dann richtig, wenn sie einen stimmigen Handlungsablauf wiedergibt. Bei der ersten Bilderreihe ist der Handlungsablauf (die Blume wächst) dann stimmig, wenn Sie feststellen, daß die Bilder die Reihenfolge 1 3 4 2 haben. Auf Bild 1 ist noch keine Blüte zu sehen, auf Bild 3 ist die Blüte sehr klein, auf Bild 4 ist sie etwas größer und auf Bild 2 ist sie aufgeblüht. Schreiben Sie also diese Zahlenreihe in Ihr Antwortheft hinter die Nummer (01).

VII. Planungs- und Organisationsvermögen

Das unter diesem Begriff beschriebene Verhalten kann ebenfalls unter den Gesichtspunkten der

Intelligenz und der
individuellen Einstellung

abgeklärt werden.

Von der Intelligenzfunktion her geht es im Kriminaldienst darum, über die Dringlichkeit verschiedener Aufgaben zu entscheiden, die Reihenfolge der Erledigung dieser Aufgaben dementsprechend zu bestimmen und die Aufgaben endlich so zweckmäßig wie möglich zu bearbeiten. Einen Aufschluß über diese Funktion kann der Culture Free Intelligence Test von R. Catell[1] geben.

1 IPAT Coronado USA 1957

Aufgabenbeispiele:
Die Aufgaben werden in Form von sinnfreien Bildern gestellt. Die Aufgaben werden in vier Untergruppen gegeben, die jeweils ein anderes gedankliches Vorgehen verlangen.

1. Die links vorgegebene Reihe soll durch eines der Felder 1–5 sinngemäß ergänzt werden.

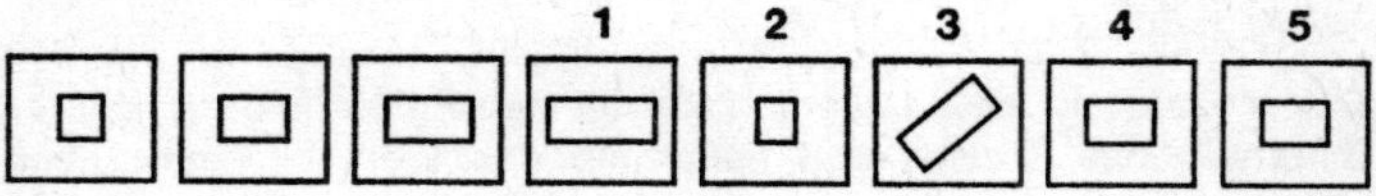

Antwort: 1

Hier war zu ermitteln, wie die angefangene Serie sinngemäß weitergehen muß (die breiten waagerechten Striche werden immer länger). Dabei wird in etwa die gleiche Denkoperation durchgeführt wie bei den Zahlenreihen. Wegen des bildlichen Inhalts sind jedoch abweichende Ergebnisse zu erwarten.

2. Es soll das Bild herausgesucht werden, das nicht in die Reihe paßt.

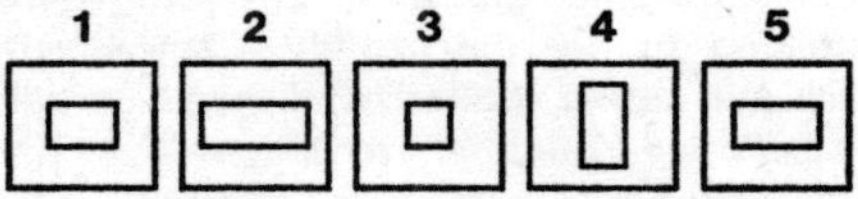

Antwort: Bild 4

Zu ermitteln war das gemeinsame Merkmal, das in allen Bildern bis auf einem gefunden werden kann (die breiten Striche liegen waagerecht, mit Ausnahme von Bild 4).

3. Von den Feldern 1–5 soll dasjenige herausgefunden werden, das in das freigelassene Feld links am besten hineinpaßt.

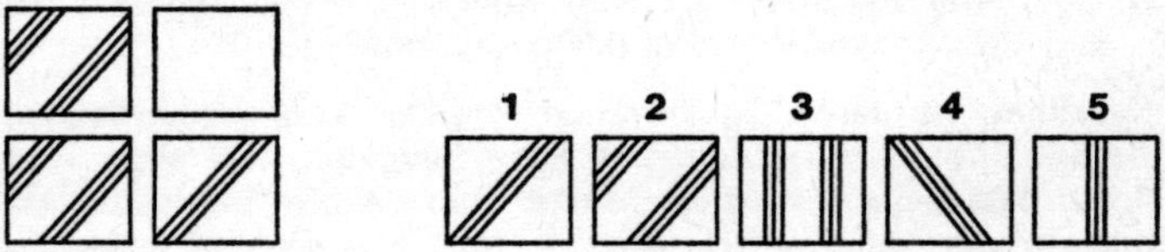

Antwort: Bild 1

Hier war die Figur zu finden, die zur darüber- bzw. danebenliegenden Figur genauso paßt wie diese Figuren zu den neben- bzw. über ihnen liegenden Figuren.

4. Es soll das Bild herausgefunden werden, in dem der Punkt auf dem Bild links die gleiche Stellung zu den anderen Figuren haben kann wie auf diesem Bild.

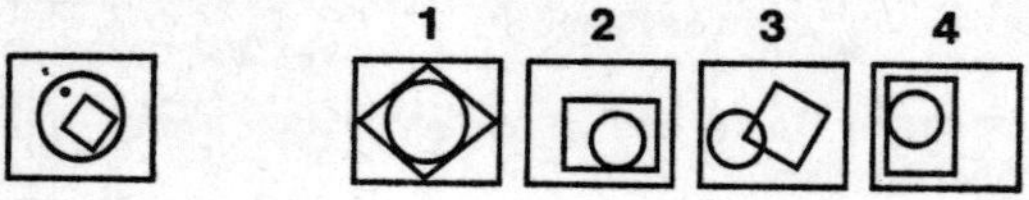

Antwort: Bild 3

Das charakteristische Lagemerkmal für den Punkt links ist, daß er innerhalb des Kreises und außerhalb des Vierecks liegt. Diese entsprechende Lage ist nur noch in Bild 3 möglich.

Auswertung: Bei der Auswertung werden Punkte gegeben. Nach der Gesamtzahl der Punkte wird die dem Alter entsprechende Bewertung ermittelt.

Während in diesem Test die intellektuellen Voraussetzungen für die Organisation und Planung im Vordergrund stehen, müssen die von der Persönlichkeit abhängigen Gesichtspunkte dieser Funktion durch ein weiteres Verfahren geklärt werden. Vom Gesichtspunkt der individuellen Einstellung her gibt es je zwei entgegengesetzte Arten der Einstellung zu der durchzuführenden Arbeit. Diese Einstellung wird sich mit großer Wahrscheinlichkeit gerade dann auswirken, wenn schwierige Aufgaben zu lösen sind, wie dies bei Organisations- und Planungsaufgaben der Fall ist:

Die Arbeit wird als notwendiger Bestandteil des persönlichen Lebens gesehen (hohe Motivation).

Die Arbeit wird nur als äußerer Teil des Lebens gesehen (niedrige Motivation).

Bei Bewerbern mit hoher Motivation können wieder zwei entgegengesetzte Einstellungen zur Arbeit gesehen werden:

Der Arbeitseinsatz wird vor allem bestimmt durch die *Freude am Erfolg* (Erfolgsmotivation).

Der Arbeitseinsatz wird vor allem bestimmt durch die *Furcht vor Mißerfolg* (Mißerfolgsmotivation).

Bewerber mit Mißerfolgmotivation könnten eher dazu neigen, sichere Erfolge zu suchen. Das kann bedeuten, daß sie in der Arbeit ihre Ziele zu niedrig ansetzen und dann in jedem Fall erreichen oder unrealistisch hoch, so daß sie sich bei Mißerfolg sagen können, das Ziel sei so hoch gesetzt, daß es ohnehin unerreichbar gewesen sei.

Daher liegt die Annahme nahe, daß gerade der Erfolgsorientierte für den Kriminaldienst bessere Voraussetzungen mitbringt.

Für die Arbeit im Kriminaldienst könnte insgesamt als geeignet gelten, wer eine hohe Motivation besitzt und nicht ausschließlich von der Furcht vor Mißerfolg bestimmt ist. Daher wird ein Verfahren vorgeschlagen, das für Manager mit dieser Zielrichtung entwickelt wurde. Da der Beruf des Kriminalbeamten in Selbständigkeit und Verantwortung dem des Managers in etwa ähnelt, scheint der Test vorläufig anwendbar.

Aufgabenbeispiel:
Es werden mehrere Bilder vorgelegt, zu denen eine von vier vorgegebenen Interpretationen vom Bewerber ausgewählt werden soll. Die Antworten werden nach einem bestimmten Schlüssel bewertet.

Der Kriminalbeamte hat lange an einem Fall gearbeitet. Die letzten Aussagen und Indizien sind ausgewertet. Der Fall ist aufgeklärt. Wie wird es weitergehen?

a) Er vergräbt sich sofort in eine neue Arbeit (stark erfolgsmotiviert).
b) Er will einige Tage ausspannen, findet aber keine Ruhe (stark mißerfolgsmotiviert).
c) Er schaltet ab, fühlt sich aber nicht besonders wohl dabei (schwach mißerfolgsmotiviert).
d) Er macht mal Freizeit, um sich dann erneut in die Arbeit zu stürzen (schwach erfolgsmotiviert).
e) Er will vorläufig nichts mehr von der Arbeit hören (niedrig motiviert).

Ein Bewerber, der vorwiegend Antworten in der Art von Antwort e) gibt, wäre für den Kriminaldienst nach vorläufiger Annahme mit hoher Wahrscheinlichkeit nicht geeignet. Bei einem Bewerber mit Antworten wie b) müßte sehr sorgfältig überlegt werden, ob dem Bewerber nicht ein zu hohes Maß an Selbständigkeit abgefordert wird.

Polizeierziehung – Polizeierfahrung [1]

Polizeioberst a. D. Hans Lange, Vorstandsmitglied der Liga, veröffentlichte in der »Frankfurter Zeitung« (vom 15. Juni 1929) ein »Offenes Wort«, in dem er die Folgerungen aus den Ereignissen der Berliner Maitage zog, die dreißig Menschen das Leben gekostet hatten.

Die sogenannten Maiunruhen in Berlin haben zu einer Polizeikatastrophe geführt. Zu ihr hätte es nicht zu kommen brauchen, wenn politische Einsicht an maßgebender Stelle zum Entschluß geführt hätte, das Demonstrationsverbot rechtzeitig aufzuheben. Vor oder kurz nach Weihnachten wäre dazu Zeit gewesen. Schließlich konnte ein sozialdemokratischer Polizeipräsident doch nicht von der Tatsache überrascht werden, daß am 1. Mai die Arbeiterschaft die Straße für sich verlangen würde, um in altgewohnter Weise für ihre Ideale zu demonstrieren. Wer am Dampfkessel steht, muß wissen, was ein rechtzeitig geöffnetes Ventil bedeutet.

Wenn die Wiener Polizei nun schon zu wiederholten Malen es fertiggebracht hat, so feindliche Brüder wie Heimwehr und Republikanischen Schutzbund gleichzeitig demonstrieren zu lassen, ohne daß einer den andern stören konnte, war das für die Berliner Polizei erst recht keine unmögliche Aufgabe. Es wäre vor allen Dingen wirklich eine Polizeiaufgabe gewesen, die doch darauf hinauslaufen soll, die bürgerliche Freiheit zu schützen und Leben und Gut der Bürger zu sichern.

Der Aufruhr, den die Kommunisten zweifellos gepredigt hatten – und das ist ihre blutige Schuld –, hat, als es dann soweit war, gar nicht stattgefunden. Selbstverständlich war es Pflicht des verantwortlichen Polizeileiters, alle Vorbereitungen zu treffen, um eingreifen zu können, wenn es wirklich not tat. Der Ablauf der Ereignisse hat gezeigt, wie ernüchternd schon diese Bereitschaft der Polizei auf die kommunistischen Führer und ihr Gefolge gewirkt hat. Denn sie waren nicht zur Stelle. Die Rodomontaden der »Roten Fahne« über die Maitage, die von der gewaltsamen Eroberung der Straßen durch die kommunistischen Massen sprechen, sind nichts als lächerlich.

Die Polizei aber, einmal für den erwarteten Kampf bereitgestellt, und – wie sie nun einmal erzogen ist – wohl auch von dem Drang erfüllt, sich zu erproben, stürzte sich in Kampfhandlungen, nicht nur gegen Häuflein von Demonstranten, sondern auch gegen Straßenpassanten, deren unglückseliges Schicksal es wollte, daß sie gerade diese Straßen benutzen mußten, weil sie dort ihr Heim hatten.

1 Aus: Kurt R. Großmann »Ossietzky«, München 1963, S. 469 ff.

Der Gummiknüppel, im Notfall die blanke Waffe – wozu ist eigentlich eine Million Goldmark für die Hirschfänger der preußischen Schutzpolizei ausgegeben worden? – konnten genügen, um Ordnung zu schaffen, denn die Polizei hat zu keiner Stunde dieser ganzen furchtbaren Zeit einen Gegner gehabt, der auch nur einen Schuß mitten hinein in die Menge, in die Fenster und gegen die Balkone rechtfertigte. Steinwürfe sind sicher unangenehm und können unter Umständen auch empfindlich verletzen, aber Maschinengewehrfeuer dagegen ist doch über das Ziel hinausgeschossen.
Im Landtag wies der Minister Grzesinski recht von oben herab die Kritik an der Polizei als vom grünen Tische kommend zurück. Ich kenne den Straßenkampf aus eigenster Erfahrung, ich habe ihn als Bataillonsführer der deutschen Schutzdivision in den Märztagen 1919 in Lichtenberg erlebt. Vom Osten, von Biesdorf kommend, wurden wir zum Angriff eingesetzt, und es ging heiß her. Mein Adjutant z. B., ein Leutnant C., mußte seine Teilnahme mit einer schweren Verwundung durch einen Minensplitter bezahlen. Dort gab es wirklich Dachschützen, dort gab es nicht nur die Attrappe einer Barrikade, sondern richtige. Und sie waren auch besetzt von einem Gegner, der über militärische Schußwaffen verfügte und sie gebrauchte. Eine Truppe, in solchem Straßenkampf begriffen, kann nicht ungerupft davonkommen, sie muß Verluste an Toten und Verwundeten haben. Das Gegenteil ist im Straßenkampf eine bare Unmöglichkeit. Oder, wenn es der Fall ist, der schlüssige Beweis, daß die angreifende Truppe wohl Ziele, aber keinen Gegner hatte. Wir wissen zu unserem Schmerz und unserer Empörung, daß der Einsatz der Polizei in den Maitagen die Bevölkerung achtundzwanzig Tote gekostet hat. Von diesen Toten können, wenn überhaupt welche, dann höchstens zwei oder drei als Kommunisten gerechnet werden; die anderen waren meist Frauen und alte Leute.
Herrscht wirklich Kampf, d. h. ein doppelseitiger, dann weiß es das ganze Stadtviertel und zeigt sich nicht. In Lichtenberg ging damals niemand zur Arbeit, die Straßen waren leer. Kinobesuch fand auch nicht statt.
Der Einsatz von Panzerwagen mag gerechtfertigt gewesen sein. Es ist nichts dagegen zu sagen, weil ihr Erscheinen sehr ernüchternd und beruhigend wirkt. Aber warum mußten sie ihr Maschinengewehr sprechen lassen! Gegen wen? Wenn ihnen Feuer »entgegengeprasselt« ist, wäre es interessant zu wissen, ob der Panzer Geschoßspuren zeigt. Ihre Insassen waren jedenfalls besser daran als die unglückseligen Karabiner, von denen der Polizeibericht meldet, daß sie in der Hand der Polizisten zerschossen worden seien. Welche humanen Aufrührer, die ihre Fertigkeit als Kunstschützen dazu verwenden, die Polizei auf diese Weise kampfunfähig zu machen!

Die rein militärische Abrichtung nimmt, wie wir wissen und wie es von einsichtigen höheren Polizeibeamten selber beklagt wird, bei der Aus- und Fortbildung der jungen Polizisten einen viel zu breiten Raum ein. Und doch scheint es gerade am Wichtigsten zu fehlen: an der Feuerdisziplin. Nach dem Bericht von glaubwürdigen Augenzeugen tobte sich in Wedding und Neukölln eine wilde, hemmungslose Schießerei aus. Sie ist doppelt gefährlich, weil, wenn der eine schießt, der andere glaubt, mitmachen zu müssen, denn wenn er es knallen hört, schiebt er den Knall unweigerlich einem Gegner zu. Nur schärfste Feuerdisziplin, von den Vorgesetzten überwacht, kann da Ordnung schaffen und Unheil verhüten.
Meine scharfe Kritik richtet sich nicht gegen den einzelnen Beamten, denn er ist ein Produkt der Erziehung seiner Vorgesetzten – und auch der Psychose, die von solchen Tagen einmal nicht zu trennen ist. Auch diesmal schwirrten in den Kasernen die wildesten Gerüchte herum und versetzten die Beamten so in die richtige Kampfstimmung. Wer zum Einsatz nach dem Wedding oder Neukölln fuhr, dachte, dort ist Krieg. Und im »Kampfgebiet« eingetroffen, betätigte man sich dann eben kriegerisch. Aus jedem Fenster droht der Feind, kann der tückische Schuß kommen, der, wie man hörte, schon so viele Kameraden hingerafft haben soll. Ruhig Blut bewahren ist im Straßenkampf noch schwerer als draußen im Feld. Daher gehören zu solchen Aktionen nur ältere Beamte, und die Vorgesetzten müssen ihre ganze Autorität einsetzen, daß Besonnenheit Trumpf bleibt. Die jungen Mannschaften müssen in Reserve bleiben. Hier ist umgekehrt verfahren worden.
Anzuklagen, und zwar in schärfster Form, ist das System, das diese Polizeikatastrophe möglich gemacht hat. Als im Jahre 1919 sich die Schaffung eines neuen Polizeikörpers nötig machte, verlangten die Umstände, daß auf den truppenmäßigen Charakter zunächst mehr Wert gelegt wurde als auf den polizeilichen. Diese Zeiten sind längst vorbei, aber die tonangebenden höheren Offiziere der preußischen Schutzpolizei wollen das nicht einsehen, und sie erfahren darin leider eine Unterstützung durch den gegenwärtigen Leiter der Polizeiabteilung im preußischen Innenministerium. In diesen Köpfen spukt der Bürgerkrieg in unheilvoller Weise, weil er den erwünschten Vorwand gibt, sich im alten Geleise militärischer Betätigung zu bewegen. Und natürlich steht der Feind immer links!
Im letzten Jahr ist endlich einmal ein Polizeimajor, der es in dieser Weise zu toll getrieben hatte, gemaßregelt worden. Aber wie? Man versetzte ihn zur höheren Polizeischule Eiche, der Pflanzstätte eben dieses Geistes, der doch endlich mit Stumpf und Stiel ausgerottet werden müßte. Wenn nicht, werden wir in Zukunft noch einmal schlimme Erfahrungen machen. Es ist doch äußerst bedenklich, wenn die jungen Beamten, die diese Knallerei soeben mitten in Berlin mit so traurigem Erfolg ausgeführt haben, weiter nichts dar-

über zu hören bekommen, als daß sie Dank und Anerkennung verdienen.
Dieses System nicht aufkommen zu lassen, ihm das Wasser abzugraben war unter Severing die mühevolle Arbeit des jetzigen Staatssekretärs Abegg in langen Jahren, als er noch Leiter der Polizeiabteilung war. Stein für Stein ist von seinem und Severings Bau wieder abgetragen worden, und es darf auch nicht darüber täuschen, daß in Berlin an der Spitze der Schutzpolizei zwei gute Republikaner stehen, die zudem aus der alten blauen Polizei hervorgegangen sind. Ihr Einfluß gegenüber den starken militärischen Tendenzen im Offizierskorps, die überdies ihren Rückhalt im Ministerium finden, ist noch viel zu gering.

Gruppentherapie für Polizeibeamte

TIME Atlantic, 12. April 1968

»Warum wollt ihr Nigger nicht Nigger genannt werden?« fragte der Polizeibeamte, »ihr nennt euch doch selbst so, nicht wahr?« Die Antwort schlug zurück: »Halt den Mund, du blauer Hanswurst!« Der Polizeibeamte wurde rot vor Wut und Empörung, aber anstatt mit den Fäusten oder dem Gummiknüppel zuzuschlagen, blieb er sitzen und nickte, als er gefragt wurde: »Verstehen Sie es jetzt?«
Der Schlag und Gegenschlag fanden in einer Reihe von Gruppentherapiesitzungen statt, die das Verständnis zwischen der Polizei von Houston und den Negern verbessern sollte. Die jeweils sechswöchigen Programme laufen seit dem letzten September. Jeden Freitag treffen sich 200 Polizeibeamte, in Gruppen zu 12–15 aufgeteilt, mit einer gleichen Anzahl von Bürgern – sowohl Farbige als auch Weiße –, um Differenzen zu bekämpfen. Gegenwärtig findet die vierte Gruppe von Sitzungen statt, die von einem Psychologen geleitet wird.
Das Programm wird von Geschäftsleuten aus Houston unterstützt, die sich Community Effort Inc. nennen. Ein Neger, Dr. Melvin Sikes, klinischer Psychologe am städtischen Veterans Administration Hospital, leitet dieses Programm. Die Sitzungen beginnen mit einer gründlichen Untersuchung der Einstellungen der Polizeibeamten zu den Bürgern und zu sich selbst sowie der Bürger zu den Polizeibeamten und zu sich selbst. Zu Beginn ist das gegenseitige Mißtrauen offensichtlich. »Die Neger sind faul und können nicht zusammenarbeiten.« – »Sie haben keine Selbstachtung.« – »Sie sind unmoralisch, achten weder Leben noch Eigentum«, sagen die Polizisten. »Polizisten sind kalt, sie benehmen sich wie Maschinen und sind brutal«, sagen die Bürger. »Sie äußern sich beleidigend.« – »Sie nennen Farbige Nigger, Jungen, Onkel oder Weiber.« – »Sie behandeln Verdächtige unterschiedlich, je nachdem, welcher Rasse sie angehören oder wieviel sie verdienen, und sie neigen zu Gewalttätigkeiten.«
Einige Polizeibeamte waren empört, als sie aufgefordert wurden, teilzunehmen. Sie lasen während der ersten Sitzungen Taschenbücher oder lösten Kreuzworträtsel. Der Chef der Polizei, ein Traditionalist durch und durch, trug in dieser Zeit mit Bemerkungen über »vor Aufregung Speichel schlabbernde Soziologen« wenig zur Unterstützung bei. Als aber die Sitzungen fortgesetzt wurden, entschuldigte er sich für diese Bemerkung, und selbst Polizeioffiziere, die anfänglich nicht zur Mitarbeit bereit waren, begannen ihre Einstellung zu ändern. Bei einer Sitzung explodierte ein alter Polizeisergeant: »Ich habe mein Leben lang die Nigger gehaßt, und jedes-

mal, wenn ich ein Auto mit einem Abzeichen der Texas Southern University[1] sehe, setze ich alles dran, um dem Fahrer eins auszuwischen.« Zu seiner größten Verwunderung wurde diese Bemerkung begrüßt und wegen ihrer Freimütigkeit gelobt.
Die Farbigen sind keineswegs immer die militantesten Teilnehmer. Ein weißer Professor rief aus: »Rassismus gehört zu der Luft, die wir atmen, und ihr Polizisten verkörpert den Rassismus am stärksten! Ihr seid alle Faschisten!«
Am Ende des sechswöchigen Kursus, für den jeder Teilnehmer 54 Dollar erhält, füllen die Polizeibeamten anonym Fragebogen aus. Bisher beurteilten 19 den Kurs als hervorragend, 92 als sehr gut und 253 als gut. Nur 74 stuften ihn als schlecht oder als Zeitverlust ein bzw. weigerten sich, den Fragebogen auszufüllen. Selbst der Chef der Polizei ist mit den Ergebnissen sehr zufrieden. Im Spätherbst werden alle 1400 Polizeibeamten von Houston, wie er ausführt, »die Leute genauer kennengelernt haben«. Sikes hat schon einige Berichte aus dem Negerviertel erhalten, daß die Polizeibeamten höflicher und zu helfen bereit sind. »Ich glaube, es ist nicht mehr fraglich, daß man einander besser versteht«, sagt er, »mit dem Verstehen ändert sich die Einstellung, und mit einer anderen Einstellung wird sich auch das Verhalten ändern.«

1 fast ausschließlich von Negern besuchte Universität

Analyse der Situation, der Struktur und des Verhaltens von Demonstrationsgruppen [1]

Als Demonstrationsgruppen gelten hier Ansammlungen, die einerseits aus Solidarität mit bestimmten Personen oder Gruppen gegen Vorhaben oder Entscheidungen von anderen Personen oder Gruppen gerichtet sind, andererseits aber auch individuelle Ziele verfolgen, wie Unterhaltung, Abreagieren von Spannungen u. ä.

I. Zur Situation der Demonstrationsgruppe

1. Ob eine Demonstration im Rahmen der gesetzlichen Bestimmungen abläuft oder nicht, spielt im Erleben und Bewußtsein der Demonstranten meist keine Rolle. Vielmehr steht der »Ausnahmecharakter einer Demonstration« als Erlebniswert und als Bezugspunkt des Urteilens im Vordergrund.
2. Eine Demonstrationsgruppe befindet sich daher stets in einem latenten Spannungszustand. Er ist Folge von Erwartungen, die sich auf die Befriedigung von Bedürfnissen nach Unterhaltung und Selbstdarstellung, nach Betätigung schlechthin beziehen.
3. Zur Befriedigung ihres Betätigungsbedürfnisses sucht die Demonstrationsgruppe sich in der Regel ein Bezugsobjekt, nämlich Symbole einer »Gegnergruppe« oder auch eine Kontakt-»Gegnergruppe« selber (Polizei, Teile der Zuschauermenge, Gegen-Demonstranten).
4. Demonstrationsgruppen orientieren sich in der sozialen Wahrnehmung vorwiegend an einfachen »Freund-Feind-Schemata«.
5. Die Zugehörigkeit zur Demonstrationsgruppe bedeutet für den einzelnen subjektive Sicherheit. Dieses Gefühl der Sicherheit wird vor allem durch Absonderung einzelner Gruppenmitglieder gestört. Auf Störungen folgen in der Regel Angstreaktionen (z. B. Tätlichkeiten).

II. Struktur

1. Demonstrationsgruppen sind strukturierte Gruppen. Ihre Strukturbedingungen sind kontrollierbar und bieten die Voraussetzungen zur Steuerung.
   a) Um ein oder mehrere Ereignisse mit hohem Unterhaltungswert bildet sich eine Zuschauermenge, bzw. die Zuschauermenge versammelt sich in Erwartung eines unmittelbar bevorstehenden Ereignisses.

1 Aus: Die Polizei und die Deutschen. Hrsg. von B. Doerdelmann, München 1968

b) Die Zuschauermenge formiert sich wechselnd nach Ort, Erlebniswert und Ablauf der Ereignisse.
c) Die Beteiligung der Zuschauermenge am Ereignis selbst erfolgt erst durch freies Angebot (Vorbilder, Akteure) oder Zwang (polizeiliche Maßnahmen). Es werden leicht erlernbare Verhaltensmuster übernommen.

2. Die Akteure innerhalb einer Demonstrationsgruppe organisieren das Ereignis. Sie sind nur selten identisch mit dem Veranstalter. Sie können, müssen aber nicht die gleiche Gruppenzugehörigkeit wie der Veranstalter besitzen.
3. Die Funktion und der Erfolg der Akteure sind abhängig von der Übernahme einer Rolle als Führer einer der informellen, spontan sich bildenden Kleingruppen (bis zu 10 bis 12 Personen), die vorwiegend in der Peripherie der Demonstrationsgruppe beobachtet werden können.
4. Demonstrationsgruppen bestehen stets als eine Vielzahl von spontanen Kleingruppen mit wechselnder Zusammensetzung und wechselnden Führungsverhältnissen. Die Anwendung des Begriffes Masse auf Demonstrationsgruppen beruht daher meistens auf unzureichender Beobachtung.
5. Innerhalb der Vielzahl von Kleingruppen entstehen (meist wechselnd, nur selten fortdauernd) Vorbildgruppen, deren Verhalten unter bestimmten Bedingungen von anderen Kleingruppen nachgeahmt wird.

III. Verhalten

1. Das Verhalten einzelner Kleingruppen innerhalb der Demonstrationsgruppe ist voraussagbar, da es bestimmten Gesetzmäßigkeiten folgt. Die für den polizeilichen Einsatz wichtigste Gesetzmäßigkeit ist der Zeitrhythmus: Die Entwicklung eines Verhaltensmusters dauert bei eingetretener Inaktivität bis zu Beginn einer Aktivität meistens 10 Minuten, höchstens aber 20 Minuten.
2. Leicht erlernbare Verhaltensmuster, die zu einem Ereignis führen (Scherben, Brände) oder selbst ein Ereignis darstellen (Sprechchöre), werden von dem jeweils initiierenden Führer, geprägt und darauf folgend von seiner Kleingruppe übernommen.
3. Die Übernahme eines Verhaltensmusters breitet sich um so schneller und nachhaltiger innerhalb einer Demonstrationsgruppe aus, je höher der Unterhaltungswert des dadurch entstehenden Ereignisses ist.
4. In diesem Sinn erfolgreiche Verhaltensmuster werden spontan von Veranstaltung zu Veranstaltung überliefert und wiederholt.
5. Im Rahmen einer Veranstaltung werden erfolgreiche Verhaltensmuster wiederholt, meistens rhythmisch in 10- bis 20-Minuten-Abständen.

IV. Bedeutung der Polizei

1. Bei konventionellem Einsatz gilt die Polizei als der hauptsächliche potentielle Ereignisträger, der durch bestimmtes Verhalten von Kleingruppen in Aktion versetzt werden kann (Provokation).
2. Die Demonstranten sehen die Polizei in dem Maße in der Rolle des Ereignisträgers, in dem die Aktivität, Vorbereitungen zu Aktivität oder Aktions-Requisiten sichtbar sind oder angekündigt werden.
3. Den Akteuren innerhalb einer Demonstration bietet der geschlossene Einsatz der Polizei eine berechenbare Partnerschaft zur Bestimmung von Ausmaß und Ablauf des Ereignisses (Nutzung des Legalitätsprinzips).
4. Polizeibeamte in geschlossenem Einsatz werden vorrangig als Ereignispartner aufgefaßt. Die sonst von Demonstranten anerkannte politische Funktion der Verhütung und Verfolgung von Straftaten tritt in dieser Situation weitgehend in den Hintergrund.
5. Der einzeln auftretende Polizeibeamte wird nur ausnahmsweise als Ereignispartner aufgefaßt. Seine Funktion der Verhütung und Verfolgung von Straftaten bleibt in den Augen der Demonstranten erhalten.

Allgemeiner Geschäftsbetrieb [1]

Die Effektivität einer Verwaltungsinstitution bei Erfüllung ihrer Aufgaben ist ganz erheblich von der Gestaltung und den Möglichkeiten ihres *allgemeinen Geschäftsbetriebes* abhängig. Eine zeitgemäße Verwaltung mit modernem Geschäftsbetrieb ist allerdings leichter gefordert als verwirklicht, vor allem wenn »traditionelle« Verwaltungsvorstellungen und daraus resultierendes, zum Teil schwerfälliges Verwaltungsgebaren überwunden und abgebaut werden müssen.
Für Industrie- und Wirtschaftsunternehmen ist heute das moderne Management im internen Geschäftsbetrieb Teil der Existenzfrage geworden. Im Bereich der öffentlichen Verwaltung und damit auch bei der Polizei ist dies aber – leider – nicht der Fall. Dem auf diesem Gebiet notwendigen Fortschritt steht der Fiskus wenig aufgeschlossen gegenüber. Man darf sich deshalb nicht wundern, wenn Außenstehende den allgemeinen Geschäftsbetrieb der öffentlichen Verwaltung und seine Handhabung oft nur mitleidig belächeln. Unsere Mitbürger erwarten ein zügiges und rationelles Arbeiten der Polizei. Diese Erwartungen können aber nur mit den dazu erforderlichen sachlichen Mitteln erfüllt werden. Daß Polizei*vollzugsbeamte* ausschließlich zur Erledigung von *Vollzugs*aufgaben verwendet und auch nur mit solchen Aufgaben betraut werden sollten, müßte für Polizeibehörden eigentlich selbstverständlich sein. Offensichtlich ist das aber nicht so, denn in einigen Ländern der Bundesrepublik werden Büromaterial, Einrichtungsgegenstände, Geräte usw., ja sogar Brennstoff für die Beheizung der Dienststellen noch heute von den Schutzpolizeibeamten, also von *Vollzugs*beamten verwaltet, transportiert und beschafft. Mit der vielseitigen Verwendbarkeit des Schutzpolizeibeamten, die heute angestrebt wird, ist die Erledigung *solcher* Aufgaben bzw. Arbeiten allerdings nicht gemeint.
Es müssen auch Überlegungen angestellt werden, auf welche Weise Schutzpolizeibeamte mehr als bisher von der Verwaltung und Abrechnung der Verwarnungsgelder, Telefongebühren, der Führung von Portokassen, Berechnung von Zeugengebühren usw. entlastet werden können.
Außerordentlich weit verbreitet ist die Unsitte, Schutzpolizeibeamte mit routinemäßigen *Kurierfahrten* zu beauftragen, weil zahlreiche Behördenleitungen offensichtlich meinen, daß solche Fahrten ohne weiteres mit dem motorisierten Streifendienst verbunden werden können. Das ist jedoch in der Praxis weder zweckmäßig noch möglich. Die mit einer Kurierfahrt beauftragte Streifenwagenbesatzung

1 Aus: Polizei Notruf. Die Situation der Schutzpolizei. Hrsg. von der GdP, Hilden 1970.

wird sich während dieser Fahrt verständlicherweise der Verkehrsüberwachung kaum mit der sonst üblichen Intensität widmen. Solche routinemäßigen Kurierfahrten, mit denen der motorisierte Streifendienst der Schutzpolizei noch mancherorts belastet wird, fallen vor allem in ländlichen Bereichen an. – Geradezu paradox muß in diesem Zusammenhang auch anmuten, daß bei einigen Polizeidienststellen die Routine-Dienstpost täglich über weite Strecken (bis zu 80 km!) mit dem Streifenwagen befördert wird, um Portokosten zu sparen (Baden-Württemberg)!

Die *Wartung und Pflege der Dienstkraftfahrzeuge* wird von den Polizeidienststellen in den einzelnen Bundesländern sehr unterschiedlich gehandhabt. Sie erfolgen teils in polizeieigenen Kfz-Werkstätten, teils durch Vergabe an private Betriebe bzw. Vertragswerkstätten. Soweit Wartung und Pflege der Dienstfahrzeuge bei der Polizei durchgeführt werden, müßten dafür aber auch wesentlich mehr nichtbeamtete Kräfte verwendet werden, als dies bisher der Fall ist. Wenn nämlich Dienstkraftfahrzeuge noch überwiegend von Polizeivollzugsbeamten gewaschen werden (Baden-Württemberg), müssen die relativ hohen Kosten der Vollzugsbeamten-Ausbildung als schlecht angelegt gewertet werden. – Die Bemühungen der Polizeibehörden, für diese Arbeiten nichtbeamtete Kräfte einzustellen, haben meistens nur geringen Erfolg, weil die Vergütung im öffentlichen Dienst unzureichend ist und weit unter der Honorierung gleicher Tätigkeiten in der freien Marktwirtschaft liegt. Und so sieht sich dann z. B. bei einer Polizeibehörde in Baden-Württemberg *ein einziger* Wagenwäscher vor die wohl unlösbare Aufgabe gestellt, ca. 100 Kraftfahrzeuge (!) pflegen zu sollen.

Die *Versorgung mit Büromaterial* entspricht im allgemeinen den dienstlichen Erfordernissen, wenn auch die Qualität der Materialien zum Teil noch mangelhaft ist. Im Vergleich zu früheren Jahren hat sich die Versorgung beachtlich gebessert, doch schließt dies nicht aus, daß vereinzelt Büromaterial erheblich kontingentiert wird, daß z. B. der Empfang eines Bleistiftes besonders quittiert und ein Radiergummi halbiert werden muß, um zwei Beamte damit versorgen zu können! Bei Bedarf an bestimmten bzw. besonderen Büromaterialien treten oft Schwierigkeiten auf, weil sich die Polizeiverwaltungen vielfach nur mit dem einfachsten Büromaterial versehen und bei besonderen Bestellungen aus wichtigen Anlässen entweder zu lange Zeit für die Beschaffung benötigen oder aber für deren Notwendigkeit wenig Verständnis zeigen. Nicht selten sind daher Polizeidienststellen gezwungen, sich in solchen Fällen hilfesuchend an andere Verwaltungen zu wenden.

Die *Ausstattung mit Schreibmaschinen* läßt bei vielen Dienststellen erhebliche Wünsche offen. Es ist auch sehr schwer, die zuständigen Beschaffungsstellen davon zu überzeugen, daß eine Schreibmaschine selbst bei schonendster Behandlung nicht ewig halten kann.

Und so wird denn in einigen Polizeibereichen mit Maschinen des Baujahres 1930 (!) noch munter weitergeschrieben (Niedersachsen), deren ständig steigende Reparaturkosten die für eine Neuanschaffung erforderlichen Kosten längst überschritten haben.
Gesetzestexte, Kommentare und Fachzeitschriften stehen nur den wenigsten Schutzpolizeidienststellen in ausreichendem Umfange zur Verfügung. Die Belieferung hat sich in den letzten Jahren zwar gebessert, doch erfolgt sie oft noch zu spärlich oder gar ungenügend. Besonders zu bemängeln ist, daß die Beschaffung neuer Gesetzestexte mehrere Monate dauert. Vorhandene Gesetzesunterlagen befinden sich daher häufig nicht auf dem neuesten Stand und sind teilweise auch längst überholt. Eine schnellere Belieferung der Schutzpolizeidienststellen ist unbedingt erforderlich.
Abschriften und Vervielfältigungen werden bei vielen Dienststellen von Schutzpolizeibeamten mit der Schreibmaschine hergestellt, weil *Kopier- und Abzugsgeräte* nicht vorhanden sind. Nur wenige größere Schutzpolizeidienststellen verfügen über derartige Geräte. Soweit Geräte vorhanden und zentral eingesetzt sind, sind auch die Wege zum Standort der Geräte und das Warten auf die Benutzungsmöglichkeit sehr zeitraubend. Wo Geräte vorhanden sind, mangelt es unter Umständen wieder an dem erforderlichen Papier. – Auch hier müssen die Schutzpolizeidienststellen nicht selten kommunale Behörden um Hilfe bitten. Diese stellen dann die benötigten Ablichtungen her, sofern sie guten Willens und dazu in der Lage sind. Haushaltsmittel für die Inanspruchnahme privater Kopieranstalten stehen in aller Regel nicht zur Verfügung. Die vorhandenen Abzugsgeräte sind zum Teil veraltet oder gar unbrauchbar.
Sparsamkeit ist für jede Verwaltung eine Selbstverständlichkeit. Besondere Sparmaßnahmen sollten deshalb nur in extremen Fällen und gezielt angeordnet werden. Allgemeine Kürzungen wirken sich im Dienstbetrieb hinderlich aus und erschweren eine zügige, rationelle Dienstverrichtung. – Mangelnde Mittel auf dem *Kraftfahrzeugsektor* haben in einigen Bundesländern Treibstoffzuteilungen und km-Beschränkungen für die Streifenwagen bzw. Dienstschichten zur Folge gehabt. So sind z. B. pro Streifenwagen Kilometerbegrenzungen von höchstens 60 km in fünf bis sechs Stunden oder 3 000 bis 3 600 km pro Monat angeordnet worden. Zum Teil sind diese Schwierigkeiten dadurch begründet, daß schon beim Haushalt für das Rechnungsjahr 1968 die neueingeführte Mehrwertsteuer, die sich naturgemäß auch auf die Beschaffungstitel der Polizei auswirkte, nicht ausreichend berücksichtigt worden ist.
Auch die Vorstellungen einiger Behördenleitungen bezüglich der Einsparung von *Fernsprechkosten* bedürfen der Überprüfung. Es ist, gelinde gesagt, unrationell, wenn Schutzpolizeibeamte mit Kraftfahrzeugen zur benachbarten Behörde fahren müssen, um dort Ermittlungen anzustellen oder Rückfragen zu halten, die auch

fernmündlich hätten durchgeführt werden können. Doch die Notwendigkeit eines dienstlichen Ferngesprächs muß in aller Regel mit einer schriftlichen Begründung nachgewiesen werden; das Gespräch selbst darf nur mit Genehmigung des Dienststellenleiters geführt werden.

Die angespannte Kraftfahrzeuglage bei fast allen Schutzpolizeidienststellen ist allgemein bekannt. Wenn deshalb Schutzpolizeibeamte ihr »privateigenes« Kraftfahrzeug für Dienstfahrten benutzen, reagieren die Dienstherren in den Bundesländern sehr unterschiedlich. Meistens ist die Benutzung privater Kraftfahrzeuge für Dienstfahrten grundsätzlich untersagt. Soweit Ausnahmen nach vorher einzuholender Zustimmung des Dienstherrn möglich sind, erfolgt eine Entschädigung, die pro km 0,16 DM (Baden-Württemberg), 0,18 oder 0,27 DM (Niedersachsen) oder *bis* zu 0,20 DM (Nordrhein-Westfalen) betragen kann. In anderen Bundesländern wird die Entschädigung in Höhe des Fahrpreises für das sonst zu benutzende öffentliche Verkehrsmittel oder aber durch freies Tanken gewährt.

Personenregister